FRIEDRICH MÜLLER · BODO PIEROTH

Politische Freiheitsrechte der Rundfunkmitarbeiter

Schriften zum Öffentlichen Recht

Band 292

Politische Freiheitsrechte der Rundfunkmitarbeiter

Von

Friedrich Müller und Bodo Pieroth

DUNCKER & HUMBLOT / BERLIN

CIP-Kurztitelaufnahme der Deutschen Bibliothek

Müller, Friedrich
Politische Freiheitsrechte der Rundfunkmitarbeiter / von Friedrich Müller u. Bodo Pieroth. — 1. Aufl. — Berlin: Duncker und Humblot, 1976.
 (Schriften zum Öffentlichen Recht; Bd. 292)
 ISBN 3-428-03620-4
NE: Pieroth, Bodo:

Alle Rechte vorbehalten
© 1976 Duncker & Humblot, Berlin 41
Gedruckt 1976 bei Buchdruckerei Bruno Luck, Berlin 65
Printed in Germany
ISBN 3 428 03620 4

Vorwort

Das im Titel genannte Problem ist für die rechtswissenschaftliche Diskussion in der Bundesrepublik neu; erst in jüngster Zeit hat es innerhalb und außerhalb der Rundfunkanstalten rasch an Bedeutung gewonnen und eine lebhafte politische Debatte ausgelöst.

Nach der alten Formel fixiert die Rechtsordnung ein „ethisches Minimum". Für eine moderne Position bezeichnet sie diejenige Linie, die gerechtfertigte von nicht legitimer Gewalt scheidet. Hier geht es um Freiheitsrechte von Bürgern, deren Beruf in den Massenmedien sie mit Publikum und Publizität in Kontakt bringt. Eine nüchterne juristische Expertise hat die Aufgabe, diese Linie zu bestimmen; den *Spielraum von Freiheit* abzustecken, den die Verfassung anbietet und gegen öffentliche Gewalt schützt. „Unterhalb" dieser Linie, „innerhalb" dieses Spielraums soll der Berechtigte in Freiheit bestimmen können, ob er sich „privat" oder „politisch" verhält; ob er — korrekt getrennt von seiner beruflichen Funktion und vom institutionellen Zusammenhang mit der Rundfunkanstalt — politisch aktiv wird; oder ob er seine publizistische Aufgabe so auffaßt, daß er sich politisch Mäßigung oder Abstinenz auferlegt. Die Rechtsordnung hindert ihn daran nicht. Sie hindert aber die öffentliche Gewalt, mehr einseitig zu reglementieren, als die Grundrechte zulassen.

Die Rechtslage, die das komplexe Problem lösen hilft, wird von dieser Studie anhand des Arbeitsrechts, des Satzungsrechts der Funkhäuser, der Rundfunkgesetze der Länder und mit Schwergewicht aufgrund der hier thematischen Freiheitsrechte des Grundgesetzes differenziert erarbeitet.

Inhaltsverzeichnis

Vorwort 5

Abkürzungsverzeichnis 9

1. Einleitung 13
   1.1. Ausgangsfälle 13
   1.2. Bisherige juristische Erörterung 14
   1.3. Notwendige Differenzierungen 17
   1.4. Eingrenzung des Themas 19
   1.5. Beurteilung nach geltendem Recht 20

2. Subjektive Rechte der Rundfunkmitarbeiter 22
   2.1. Art. 5 Abs. 1 Satz 1 GG (Meinungsfreiheit) 22
      2.1.1. Keine Geltung in Ausübung des Dienstes 22
      2.1.2. Weitere Normbereichsaspekte 26
      2.1.3. Keine Drittwirkung 26
      2.1.4. Die Bindung der Rundfunkanstalt an Grundrechte 28
         2.1.4.1. Ausübung öffentlicher Gewalt 28
         2.1.4.2. Zur „Fiskalgeltung" der Grundrechte 31
         2.1.4.3. Mittelbare Drittwirkung nach der Rechtsprechung des Bundesverfassungsgerichts 33
         2.1.4.4. Grundrechtsverzicht 34
      2.1.5. Meinungsäußerung bei Gelegenheit dienstlicher Tätigkeit .. 37
   2.2. Art. 5 Abs. 1 Satz 2 GG (Rundfunkfreiheit) 38
      2.2.1. Rundfunkmitarbeiter als Grundrechtsträger 38
      2.2.2. Strukturelemente der Rundfunkfreiheit 41
      2.2.3. Insbesondere: die Neutralitätspflicht 44
         2.2.3.1. Positiv-rechtliche Bestimmungen 44
         2.2.3.2. Differenzierungen nach dem Normbereich 45
         2.2.3.3. Zum Umfang der individuellen Rundfunkfreiheit .. 48
         2.2.3.4. Die Programmgestaltungsbefugnis des Intendanten 49
         2.2.3.5. Parallele aus dem geltenden Recht 52
   2.3. Sonstige Verfassungsrechte 54
      2.3.1. Art. 12 Abs. 1 GG 54
      2.3.2. Art. 8 GG und Art. 9 Abs. 1 GG 56
      2.3.3. Art. 38 GG und Art. 48 GG 56
      2.3.4. Art. 3 Abs. 3 GG 58

2.4. Unterverfassungsrechtliche Rechtspositionen 59
    2.4.1. Die Rundfunkmitarbeiter als öffentliche Bedienstete 59
    2.4.2. Tarifrecht 62
    2.4.3. Satzungsrecht 63
    2.4.4. Der arbeitsrechtliche Beschäftigungsanspruch 64

3. **Möglichkeiten der Beschränkung der subjektiven Rechte der Rundfunkmitarbeiter** 69

    3.1. Ausgangspunkt 69
    3.2. Die Schranken der Art. 8 und 9 Abs. 1 GG 70
    3.3. Die Schranken der „allgemeinen Gesetze" (Art. 5 Abs. 2 GG) 71
        3.3.1. Der Begriff der „allgemeinen Gesetze" 71
        3.3.2. Die arbeitsrechtliche Treuepflicht 72
        3.3.3. Tendenzbetrieb 74
        3.3.4. Das Direktionsrecht des Intendanten 75
            3.3.4.1. Eingriffe in private Freiheitsausübung 77
            3.3.4.2. Eingriffe in dienstliche Freiheitsausübung 81
    3.4. Die Beschränkung der Rechte des Intendanten als „Person" 82
    3.5. Grundrechtsdogmatische Zusammenfassung 84

4. **Ergebnisse** 87

Sachregister 91

Abkürzungsverzeichnis

ABl.	=	Amtsblatt
Abs.	=	Absatz
AfP	=	Archiv für Presserecht
a. M. (A.)	=	anderer Meinung (Ansicht)
Anm.	=	Anmerkung
AöR	=	Archiv des öffentlichen Rechts
AP	=	Arbeitsrechtliche Praxis — Nachschlagewerk des Bundesarbeitsgerichts
ARD	=	Arbeitsgemeinschaft der öffentlich-rechtlichen Rundfunkanstalten der Bundesrepublik Deutschland
ARD-PR	=	Grundsätze für die Zusammenarbeit im ARD-Gemeinschaftsprogramm „Deutsches Fernsehen"
Art.	=	Artikel
AuR	=	Arbeit und Recht
BAG	=	Bundesarbeitsgericht
BAT	=	Bundes-Angestelltentarifvertrag (Bund, Länder, Gemeinden) vom 23. Februar 1961
BetrVG	=	Betriebsverfassungsgesetz vom 15. Januar 1972 (BGBl. I S. 13)
BGB	=	Bürgerliches Gesetzbuch vom 18. August 1896 (RGBl. S. 195)
BGBl.	=	Bundesgesetzblatt
BGHZ	=	Entscheidungen des Bundesgerichtshofes in Zivilsachen
BPersVertrG	=	Bundespersonalvertretungsgesetz vom 15. März 1974 (BGBl. I S. 693)
BR	=	Bayerischer Rundfunk
BR-G	=	Gesetz über die Errichtung und die Aufgaben einer Anstalt des öffentlichen Rechts „Der Bayerische Rundfunk" vom 26. September 1973 (GVBl. S. 563)
BR-S	=	Satzung des Bayerischen Rundfunks vom 9. Juli 1964
BRRG	=	Rahmengesetz zur Vereinheitlichung des Beamtenrechts in der Fassung vom 17. Juli 1971 (BGBl. I S. 1025)
BVerfGE	=	Entscheidungen des Bundesverfassungsgerichts
BVerfGG	=	Gesetz über das Bundesverfassungsgericht in der Fassung vom 3. Februar 1971 (BGBl. I S. 105)
BVerwGE	=	Entscheidungen des Bundesverwaltungsgerichts
CDU	=	Christlich-demokratische Union
ders.	=	derselbe
DLF-S	=	Satzung des Deutschlandfunks (Bundesanzeiger vom 9. September 1961, S. 11)
DÖV	=	Die Öffentliche Verwaltung
DW/DLF-G	=	Gesetz über die Errichtung von Rundfunkanstalten des Bundesrechts vom 29. November 1960 (BGBl. I S. 862)
DW-S	=	Satzung der gemeinnützigen Anstalt des öffentlichen Rechts „Deutsche Welle" in der Fassung vom 28. August und 9. Oktober 1964

Abkürzungsverzeichnis

Erl.	=	Erläuterung
Fn.	=	Fußnote
GABl.	=	Gemeinsames Amtsblatt
GBl.	=	Gesetzblatt
GG	=	Grundgesetz für die Bundesrepublik Deutschland vom 23. Mai 1949 (BGBl. I S. 1)
GVBl.	=	Gesetz- und Verordnungsblatt
h. M.	=	herrschende Meinung
HR-G	=	Gesetz über den Hessischen Rundfunk vom 2. Oktober 1948 (GVBl. S. 123)
HR-S	=	Satzung des Hessischen Rundfunks vom 2. Juli 1949 (Staatsanzeiger S. 357)
Hrsg.	=	Herausgeber
JA	=	Juristische Arbeitsblätter
Jg.	=	Jahrgang
JöR N. F.	=	Jahrbuch des öffentlichen Rechts der Gegenwart, Neue Folge
JR	=	Juristische Rundschau
JuS	=	Juristische Schulung
JZ	=	Juristenzeitung
KunstUrhG	=	Gesetz betreffend des Urheberrecht an Werken der bildenden Künste und der Photographie vom 9. Januar 1907 (RGBl. S. 7)
NDR	=	Norddeutscher Rundfunk
NDR-S	=	Satzung des Norddeutschen Rundfunks vom 2. März 1956
NDR-StV	=	Staatsvertrag über den Norddeutschen Rundfunk vom 16. Februar 1955 (GVBl. Schleswig-Holstein S. 92)
NJW	=	Neue Juristische Wochenschrift
NPD	=	Nationaldemokratische Partei
o. J.	=	ohne Jahr
o. O.	=	ohne Ort
RB-G	=	Gesetz über die Errichtung und die Aufgaben einer Anstalt des öffentlichen Rechts — „Radio Bremen" vom 22. November 1948 (GBl. S. 225)
RdJB	=	Recht der Jugend und des Bildungswesens
Rdnr.	=	Randnummer
RGBl.	=	Reichsgesetzblatt
RuF	=	Rundfunk und Fernsehen
s.; S.	=	siehe; Seite, Satz
SDR	=	Süddeutscher Rundfunk
SDR-G	=	Gesetz Nr. 1096 Rundfunkgesetz vom 21. November 1950 (Regierungsblatt Württemberg-Baden 1951 S. 1)
SDR-S	=	Satzung für den „Süddeutschen Rundfunk in Stuttgart" — Anlage zum SDR-G
SFB-S	=	Satzung der Rundfunkanstalt „Sender Freies Berlin" — Anlage zum Gesetz über die Errichtung einer Rundfunkanstalt „Sender Freies Berlin" in der Fassung vom 5. Dezember 1974 (GVBl. 1975, S. 145)
SPD	=	Sozialdemokratische Partei Deutschlands
SR-G	=	Gesetz Nr. 806 über die Veranstaltung von Rundfunksendungen im Saarland in der Fassung vom 1. August 1968 (ABl. S. 558)

StPO	=	Strafprozeßordnung in der Fassung vom 7. Januar 1975 (BGBl. I S. 129)
SWF	=	Südwestfunk
SWF-S	=	Satzung des Südwestfunks — Anstalt des öffentlichen Rechts in der Fassung vom 7. Juni 1974
SWF-StV	=	Staatsvertrag über den Südwestfunk vom 27. August 1951 in der Fassung vom 29. Februar 1952 (GVBl. Rheinland-Pfalz S. 71)
TVG	=	Tarifvertragsgesetz in der Fassung vom 25. August 1969 (BGBl. I S. 1323)
UFITA	=	Archiv für Urheber-, Film-, Funk- und Theaterrecht
VA	=	Verwaltungsarchiv
VersG	=	Gesetz über Versammlungen und Aufzüge (Versammlungsgesetz) vom 24. Juli 1953 (BGBl. I S. 684)
VG	=	Verwaltungsgericht
VVDStRL	=	Veröffentlichungen der Vereinigung der Deutschen Staatsrechtslehrer
VwGO	=	Verwaltungsgerichtsordnung vom 21. Januar 1960 (BGBl. I S. 17)
WDR	=	Westdeutscher Rundfunk
WDR-G	=	Gesetz über den „Westdeutschen Rundfunk Köln" vom 25. Mai 1954 (GVBl. S. 151)
WDR-S	=	Satzung des Westdeutschen Rundfunks Köln vom 27. Januar 1956 (GVBl. S. 107)
WRV	=	Verfassung des Deutschen Reichs vom 11. August 1919 (RGBl. S. 1383)
ZDF	=	Zweites Deutsches Fernsehen
ZDF-PR	=	Richtlinien für die Sendungen des „Zweiten Deutschen Fernsehens" vom 11. Juli 1963
ZDF-S	=	Satzung der gemeinnützigen Anstalt des öffentlichen Rechts „Zweites Deutsches Fernsehen" vom 2. April 1962
ZDF-StV	=	Staatsvertrag über die Errichtung der Anstalt des öffentlichen Rechts „Zweites Deutsches Fernsehen" vom 6. 6. 1961 (GBl. Baden-Württemberg S. 215)
ZevKR	=	Zeitschrift für evangelisches Kirchenrecht
ZPO	=	Zivilprozeßordnung in der Fassung vom 12. September 1950 (BGBl. S. 533)

1. Einleitung

1.1. Ausgangsfälle

Der Intendant des ZDF hat in einem Schreiben vom 16. 1. 1975[1] an die vier Direktoren des ZDF „betr.: Beteiligung von ZDF-Mitarbeitern an Wahlkämpfen; hier: Sicherstellung der Neutralitätspflicht des ZDF" folgendes angeordnet[2]:

„1. Beteiligt sich ein ZDF-Mitarbeiter durch sein persönliches öffentliches Auftreten an einem Landtags- oder Bundestagswahlkampf in einer Weise, daß dies breiten Kreisen der Bevölkerung bekannt wird — sei es z. B. als Kandidat einer Partei oder als Wahlkampfredner —, so kann er sechs Wochen vor dem Wahltag bis zur Schließung der Wahllokale nicht im Programm des ZDF in einer solchen Weise tätig werden, daß er selbst auf dem Bildschirm erscheint.

2. Mitarbeiter, die eine derartige Wahlkampfaktivität beabsichtigen und von der Regelung in Ziffer 1 erfaßt werden, haben dies so rechtzeitig dem jeweiligen Dienstvorgesetzten schriftlich mitzuteilen, daß eventuell notwendige Programmänderungen bzw. personelle Umdispositionen ohne Zeitnot vorgenommen werden können.

3. Auch nicht auf dem Bildschirm erscheinende ZDF-Mitarbeiter, die sich für eine Partei an Wahlkämpfen beteiligen — sei es als Kandidat einer Partei, als Wahlredner, als Beteiligter an einer Wählerinitiative u. ä. — dürfen bei dieser Aktivität nicht auf ihre Tätigkeit beim ZDF hinweisen.

---

[1] Abgedruckt in funk report, 11. Jg. Nr. 2/75, S. 7.

[2] In einem Interview, abgedruckt in funk report, 11. Jg. Nr. 21/75, S. 5 ff., hat *Holzamer* die Auffassung vertreten, daß dieses Schreiben „keine Anweisung" darstelle, sondern lediglich die Bekanntgabe von „Leitsätzen zu der Problematik der politischen Betätigung von ZDF-Mitarbeitern", die „ihrerseits auf der rechtlichen Stellungnahme des Justitiars beruhen". — Damit wird die Tatsache, daß es sich bei dem Schreiben um eine Anweisung handelt, nicht nur nicht ausgeräumt, sondern im Gegenteil bestätigt: Der Brief richtet sich „im Bereich eines Trägers öffentlicher Verwaltung an nachgeordnete Organe" und hat zum Inhalt, „deren Verhaltensweisen (zu) steuern"; da er gleichzeitig „individuell bestimmte Sachverhalte" betrifft, erfüllt er vorbildlich die Begriffsbestimmung einer „Weisung" (vgl. *Wolff / Bachof*, Verwaltungsrecht I, 9. Aufl., München 1974, S. 368); streiten könnte man nur noch darüber, ob die Weisung generell (= „allgemeine Weisung") oder speziell (= „Einzelweisung, Anweisung") ist.

4. Beteiligt sich ein freier Mitarbeiter, der durch sein häufiges Auftreten im Programm des ZDF breiten Kreisen der Bevölkerung bekannt ist und mit dem ZDF in der Öffentlichkeit identifiziert wird, im Sinne der Ziffer 1 an Landtags- und Bundestagswahlen, so unterliegt er den gleichen Beschränkungen, wie sie in Ziffer 1 für festangestellte Mitarbeiter wiedergegeben sind."

Ähnlich hatte bereits der Intendant des SDR in einem Brief an die Mitarbeiter vom 17. Oktober 1972[3] die Auffassung vertreten, daß die Kategorie von „Mitarbeitern, die in der Öffentlichkeit mit dem Süddeutschen Rundfunk identifiziert werden, ... in der Öffentlichkeit darauf verzichten (muß), für eine Partei zu werben".

Im Anschluß an das zitierte Schreiben *Holzamers* wurden im Lauf des Jahres 1975 bei der ARD Überlegungen angestellt, ob und in welcher Form eine analoge Regelung getroffen werden solle[4]. Die Leitung des WDR hat in diesem Zusammenhang die „Empfehlung einer entsprechenden besonderen Enthaltsamkeit mit politischen Bekenntnissen inner- und außerhalb des Programms in Wahlkampfzeiten" ausgesprochen[5].

Darüber hinaus ist es in jüngster Zeit nicht nur zu innerdienstlichen Weisungen der vorgenannten Art gekommen, sondern es haben leitende Angestellte von Rundfunkanstalten Mitarbeiter auch direkt angewiesen, an bestimmten Wahlkampfveranstaltungen nicht teilzunehmen oder in ihrer Freizeit eine bestimmte politische Partei nicht zu unterstützen.

1.2. Bisherige juristische Erörterung

Die aus diesen Fällen ersichtliche und im Titel genannte Problematik ist für die rechtswissenschaftliche Diskussion in der Bundesrepublik neu. In der älteren Literatur kommt sie nur gelegentlich und bruchstückhaft zur Sprache; dabei bleiben die Aussagen recht vage. *Scheuner* hält das Verhältnis des Rechts des Rundfunkmitarbeiters aus Art. 5 GG gegenüber der Rundfunkanstalt durch die Tatsache gekennzeichnet, daß der Mitarbeiter „vertraglich weitgehende Verzichte" auf sich nimmt, „zu denen auch der Anspruch auf Sendung seiner Darbietung und auf unveränderte Sendung gehört". Das darin liegende Problem wird durch

---

[3] Südfunk intern Nr. 12.

[4] Vgl. *H. v. Rudloff*, in: funk report, 11. Jg. Nr. 14/75, S. 3 f.

[5] Intendant *D. Klaus von Bismarck:* Manuskript zum Thema „Der Programmauftrag des Westdeutschen Rundfunks und seine Verwirklichung im Spannungsfeld zwischen den Erwartungen von Staat, Parteien und Öffentlichkeit und dem Selbstverständnis der Programmitarbeiter" vom 7. 6. 1975 (verkürzt gehalten im Rahmen der Klausur-Tagung am 20. Juni in Unkel), S. 16.

1.2. Bisherige juristische Erörterung

die anschließende Frage deutlich: „Finden solche Klauseln an der grundsätzlichen Rundfunkfreiheit Grenzen, über die hinaus sie mißbräuchlich werden[6]?" — *Herzog* bemerkt, daß die Einschränkung der individuellen Rundfunkfreiheit des Redakteurs durch Weisungsrechte der vorgesetzten Organe im Hinblick auf die Pflicht zur „Ausgewogenheit und annähernden Objektivität" größer sei als bei der Presse[7]. — Eine ausführliche Behandlung einiger für die politische Betätigungsfreiheit der Rundfunkmitarbeiter zentraler Aspekte findet sich in der Würzburger Dissertation von *Beyer*[8]. Hinsichtlich der Neutralitätspflicht der Rundfunkanstalten legt er dar, es sei zwischen zwei hauptsächlichen Sendearten, der Berichterstattung und den persönlichen Stellungnahmen, zu differenzieren. Im ersten Fall gälten die Gebote der Vollständigkeit, Sachlichkeit, Objektivität und Wahrheitstreue uneingeschränkt; im zweiten bedeute Neutralität demgegenüber nur, daß alle relevanten politischen Kräfte im Rundfunk zu Wort kommen könnten. Der einzelne Mitarbeiter habe insofern das Recht der freien Meinungsäußerung, das dann in dem Gebot der politischen Neutralität des Rundfunks eine Grenze finde, wenn er unter Zuhilfenahme des Mediums Rundfunk andere Ziele verfolgt als dasjenige, seinen eigenen sachlichen Beitrag zur Bildung der öffentlichen Meinung zu leisten[9]. Zur Aufrechterhaltung der inhaltlichen Ausgeglichenheit des Gesamtprogramms habe der Intendant sein Weisungsrecht einzusetzen. Dieses berechtige auch dazu, einen Beitrag vom Programm abzusetzen, wenn dieser nach seiner Auffassung den gesetzlich normierten Grundsätzen für die Programmgestaltung widerspricht. Im Gegensatz zu *Herzog* hält *Beyer* jedoch den Spielraum für persönliche Meinungsäußerungen im Fall des Rundfunkmitarbeiters für größer als bei Pressejournalisten, da der Rundfunkmitarbeiter sich nicht nur in einer bestimmten, sondern in jeder denkbaren Richtung politisch engagieren dürfe und solle[10].

Speziell mit der durch die Ausgangsfälle aufgeworfenen Problematik hat sich als erster der Justitiar des ZDF in seinem Aufsatz „Beeinträchtigt die Neutralitätspflicht einer Rundfunkanstalt die Meinungsäußerungsfreiheit ihrer Mitarbeiter?"[11] beschäftigt. Allerdings hält er

---

[6] *U. Scheuner*, in: RuF, 3. Jg. 1955, S. 356.

[7] Maunz / Dürig / *Herzog*: Grundgesetz, Stand: 13. Lieferung, München 1973, Art. 5 Rdnr. 212.

[8] *D. Beyer*: Politische Neutralität und politisches Engagement in Rundfunk und Fernsehen unter dem Gesichtspunkt der Meinungsfreiheit, Jur. Diss. Würzburg 1970.

[9] *Beyer*, a.a.O. (Anm. 8), S. 188 ff., 191 ff., 200 ff., 222 ff.

[10] *Beyer*, a.a.O. (Anm. 8), S. 224 ff., 234 ff.

[11] *E. W. Fuhr*, in: AfP 1975, Heft 1, S. 736 - 738; im wesentlichen wörtlich übereinstimmend schon vorher *ders.:* „Kurzgutachten. Grenzen politischer Betätigung von ZDF-Mitarbeitern", in: funk report, 11. Jg., Nr. 1/1975 vom 10. 1. 1975. — Hiergegen der Beitrag von *F. Müller* (unter Mitarbeit von

seine Erörterungen lediglich für „einen skizzenhaften Überblick über die schwierige Gesamtproblematik"[12]. *Fuhrs* Aufsatz führt zu dem Ergebnis, der Rundfunkjournalist, der für eine Landtags- oder Bundestagswahl selbst kandidiert oder der eine Partei im Wahlkampf so intensiv unterstützt, daß dies breiten Kreisen der Bevölkerung bekannt ist, dürfe während des Wahlkampfs nicht am Bildschirm tätig werden; ferner dürfe er bei diesem politischen Engagement nicht den Namen seiner Rundfunkanstalt nennen. Begründet wird dies damit, daß das der Rundfunkfreiheit immanente Neutralitätsgebot, das sich „regelmäßig vor kontroversen Fragen zu bewähren" habe und an das in Wahlkampfzeiten „besonders hohe Anforderungen zu stellen" seien, das Grundrecht der freien Meinungsäußerung des Rundfunkangestellten beschränke. Die Neutralität der Rundfunkanstalten sei eine „Tendenz" im arbeitsrechtlichen Sinn, woraus sich ergebe, daß auch an die Treuepflicht des Rundfunkangestellten „besonders weitgehende Forderungen zu stellen" seien. Die durch das Neutralitätsgebot bestimmte Treuepflicht wiederum sei ein „allgemeines Gesetz" im Sinn des Art. 5 Abs. 2 GG. Somit sei die Einschränkung der Meinungsfreiheit der Rundfunkmitarbeiter legitimiert. Die Tatsache, daß es sich bei diesem Aufsatz um die erste speziell einschlägige Behandlung der hier aufgegriffenen Fragestellung handelt — die zudem maßgeblichen Einfluß auf die Praxis ausgeübt hat[13] —, rechtfertigt es, daß im folgenden mehrfach auf diesen Aufsatz näher eingegangen wird[14].

Kritisch auseinandergesetzt hat sich mit diesen Thesen der Justitiar des NDR[15]. Für den Fall, daß sich ein Mitarbeiter einer Rundfunkan-

---

B. Pieroth): „Die Freiheit der Rundfunkmitarbeiter zu politischer Betätigung", in: funk report 1975, Beilage zu Heft 19, S. 1 - 18.

[12] AfP 1975, Heft 1, S. 736 Fn. 2; in dem vorhergehenden Kurzgutachten war diese Bemerkung noch nicht enthalten.

[13] Das eingangs zitierte Schreiben von *Holzamer* stützt sich ganz auf die Ausführungen *Fuhrs*.

[14] Erkennbar unter dem Eindruck dieser Rechtsauffassung wurde auch eine Parlamentarische Anfrage betreffend die eingangs geschilderten Fälle von dem Parlamentarischen Staatssekretär beim Bundesminister des Innern, Dr. *Schmude*, beantwortet (vgl. Deutscher Bundestag — VII. Wahlperiode — 172. Sitzung vom 21. Mai 1975, S. 12050): Nach Auffassung der Bundesregierung könne das Gebot inhaltlicher Ausgewogenheit eines Rundfunk- oder Fernsehprogramms auch Auswirkungen auf den Einsatz eines Mitarbeiters bei der Programmgestaltung haben, wenn sich dieser gleichzeitig für breite Kreise der Bevölkerung erkennbar am Wahlkampf beteiligt. Es bedürfe in jedem Fall der Abwägung, ob das Neutralitätsgebot diese Einschränkung wirklich fordere; das Ergebnis hänge im wesentlichen von dem Ausmaß der Beteiligung des Mitarbeiters am Wahlkampf ab. Sicherzustellen sei jedoch, daß hierbei die Wahrnehmung der staatsbürgerlichen Rechte des Journalisten nicht über Gebühr beeinträchtigt werde.

[15] *K.-H. Grossmann:* Die Beteiligung von Rundfunkmitarbeitern an Wahlkämpfen, in: epd/Kirche und Rundfunk, Nr. 80 vom 5. 11. 1975, S. I ff.; inhalt-

stalt als Kandidat an einem Landtags- oder Bundestagswahlkampf beteiligt, sieht er keinen sachlichen Grund für eine Regelung, wie sie im ZDF getroffen worden ist, da eine sechswöchige Beurlaubung zur Wahlvorbereitung üblich sei. Ein Bildschirmverbot für Rundfunkmitarbeiter, die sich außerdienstlich aktiv an Wahlen beteiligen, verstoße gegen Art. 5 GG. Etwas Gegenteiliges folge weder aus dem Neutralitätsgebot, für das der Wahlkampf nur ein faktischer, nicht aber ein rechtlicher Gesichtspunkt sei; noch aus der arbeitsrechtlichen Treuepflicht, da betriebliche Interessen erst dann berührt würden, wenn ein Arbeitnehmer den Wahlkampf so intensiv betreibt, daß er seine dienstlichen Aufgaben nicht mehr voll erfüllt. Die arbeitsrechtliche Treuepflicht werde demgegenüber verletzt, wenn der Rundfunkmitarbeiter die Rundfunkanstalt in die eigene Parteipropaganda hineinzieht. Solange jedoch diese Grenzen gewahrt würden, habe der Arbeitnehmer einen arbeitsrechtlichen Anspruch auf Ausübung der vereinbarten Tätigkeit. Freie Mitarbeiter der Rundfunkanstalten hätten zwar keinen Beschäftigungsanspruch, doch gelte für den Rundfunk als öffentlich-rechtliche Anstalt das Gleichbehandlungsgebot bei der Vergabe von Aufträgen. Er dürfe solche Mitarbeiter daher nicht aus unsachlichen Gründen, z. B. wegen der von ihrer beruflichen Tätigkeit unabhängigen Beteiligung am Wahlkampf, benachteiligen.

1.3. Notwendige Differenzierungen

Einem Rundfunkmitarbeiter stehen faktisch die verschiedensten Möglichkeiten offen, sich politisch zu betätigen. Normen, die für die politische Betätigung einschlägig sind, garantieren nicht notwendig jede konkrete Handlungsform. Vielmehr sind die möglichen Fallgestaltungen genau zu unterscheiden; mit anderen Worten: es ist der Sachbereich vom Normbereich einer Vorschrift zu trennen[16]. Zwar ist die Frage, ob ein bestimmter Sachverhaltstyp im Ergebnis auch zu einer typologisch verschiedenen Rechtsfolge führt, erst nach genauer Konkretisierung im Einzelfall beantwortbar. Doch muß eine juristische Untersuchung von der faktischen Verschiedenheit der Fälle ausgehen, will sie sich nicht der Gefahr aussetzen, einschlägige Normen zu übersehen oder einzelne Interpretationen unzulässig zu verallgemeinern.

Die Materie „politische Betätigungsfreiheit der Rundfunkjournalisten" ist nach mehreren Kriterien aufzugliedern. Mit dem Kriterium des *Anknüpfungspunktes* können die Formen politischer Betätigung und der

---

lich übereinstimmend vorher *ders.*: Dürfen Rundfunkanstalten Mitarbeitern das Erscheinen auf dem Bildschirm wegen politischer Betätigung verbieten? Manuskript vom 5. 9. 1975.
[16] Vgl. zu diesen Begriffen *F. Müller*: Juristische Methodik, Berlin 1971, S. 107 ff.; abw. Terminologie bei *W. Hoffmann-Riem*, in: Medienwirkung und Medienverantwortung, Baden-Baden 1975, S. 23.

Begriff „Rundfunkmitarbeiter" näher aufgeschlüsselt, mit dem Kriterium der *Sanktion* können Bereiche größerer oder geringerer Freiheit bestimmt werden. Politische Betätigung kann sich innerhalb oder außerhalb der Rundfunkanstalt abspielen. Innerhalb der Rundfunkanstalt ist der *unmittelbare Vollzug* der Aufgabe (des Dienstes) von Handlungen zu trennen, die nur *bei Gelegenheit* der Aufgabe (des Dienstes) vorgenommen werden. Die grundlegende Unterscheidung von *„innerhalb"* und *„außerhalb"*, die soziologisch in unterschiedlichen Definitionen des Systemzusammenhangs reflektiert wird[17], sieht zum Teil auch *Fuhr*, wenn er sagt, die Treuepflicht des Arbeitnehmers wirke sich „nicht nur im dienstlichen Bereich, sondern auch hinsichtlich seines außerdienstlichen Verhaltens" aus[18]. In dieser Aussage wird jedoch die Frage des Anknüpfungspunktes mit der Frage der Sanktion vermischt, die auf einer anderen Ebene liegt: Eine den Dienst selbst betreffende Sanktion kann faktisch an Handlungen innerhalb *und* außerhalb des Dienstes anknüpfen; und eine das Verhalten außerhalb des Dienstes betreffende Maßnahme kann faktisch Folgen innerhalb *und* außerhalb der Rundfunkanstalt haben. Hinzu kommt, daß *verschiedene Arten von Maßnahmen*, die sich direkt oder indirekt auf die politische Betätigungsfreiheit des Journalisten auswirken, möglich sind.

Die genannten Differenzierungen erleichtern die Arbeit an den in Betracht kommenden Rechtsnormen. Diese müssen *vollständig* herangezogen und exakt auf ihren *Geltungsbereich* hin untersucht werden. Eine derartige Analyse differenziert die Fragestellung je nach dem Normbereich, nach der Rangstufe der Rechtsquelle, nach dem Kreis der Verpflichteten und Berechtigten und nach weiteren Kriterien juristischer Methodik, über die allgemein Konsens besteht.

Als Beispiel für einen vorschnellen Verzicht auf die gebotene juristische Präzision stehe folgende Aussage: Da „sowohl die politische Neutralität der Rundfunkanstalten als auch die politische Meinungsäußerungsfreiheit der dort Beschäftigten aus Art. 5 Grundgesetz abzuleiten" seien, „kollidiert somit dieser geradezu herausragende Verfassungsartikel mit sich selbst"[19]. Art. 5 GG hat aber, genauer besehen, drei Absätze; der erste Absatz hat drei Sätze. Grundrechte haben außerdem verschiedene Wirkaspekte: Sie sind einerseits subjektive Rechte, andererseits Grundelemente objektiver Ordnung des Gemeinwesens[20]. Grundrechte können zudem nicht nur natürlichen Personen zustehen, sondern auch inländischen juristischen Personen, „soweit sie ihrem Wesen nach auf diese

---

[17] Vgl. *W. Hoffmann-Riem:* Redaktionsstatute im Rundfunk, Baden-Baden 1972, S. 93.
[18] AfP 1975, Heft 1, S. 738.
[19] *E. W. Fuhr*, in: AfP 1975, Heft 1, S. 736.
[20] Vgl. *K. Hesse:* Grundzüge des Verfassungsrechts der Bundesrepublik Deutschland, 8. Aufl., Karlsruhe 1975, S. 118 ff.

anwendbar sind" (Art. 19 Abs. 3 GG). Solche verfassungsdogmatischen Kategorien verbieten es, die Kollision eines Grundrechts „mit sich selbst" apodiktisch zu behaupten.

1.4. Eingrenzung des Themas

Nach dem Gesagten wird in der folgenden Untersuchung notwendig eine Vielzahl von Sachverhaltstypen politischer Betätigung von Rundfunkmitarbeitern in den Blick kommen. Nicht alle sollen hier erschöpfend behandelt werden. *Im Mittelpunkt steht eine die geschilderten Ausgangsfälle prägende Konstellation: Ein Rundfunkmitarbeiter (insbesondere einer, der aus seiner beruflichen Tätigkeit weiten Kreisen der Bevölkerung bekannt ist) leistet in seiner Freizeit unentgeltlich — wie jeder andere Staatsbürger auch — freiwillig Wahlkampfhilfe für die Partei seiner Wahl.* Das ist die unter juristischen Aspekten komplexeste Fallgestaltung. Sie bildet darum auch den Leitfaden für die vorliegende Untersuchung. Dem steht eine Reihe von Grenz- und Randfällen gegenüber, die im Rahmen der für die Ausgangsfälle zu erörternden Normen mitbehandelt werden; denn Normen sind erst dann vollständig konkretisiert, wenn auch der Bereich, für den sie nicht mehr gelten, durch Vermitteln der Norm mit Fällen ausgelotet worden ist[21]. Diese Fälle können jedoch kürzer abgehandelt werden; einmal weil sie geringere praktische Relevanz besitzen; zum andern weil die Fragen grundrechtlichen Schutzes für sie einfacher beantwortet werden können. Es sind dies folgende Fallgestaltungen:

— Ein Mitarbeiter verhält sich *innerhalb einer Rundfunksendung* in der Weise, daß er seine von der Art der Sendung bestimmte Funktion zu eigennütziger parteipolitischer Propaganda mißbraucht; d. h. also, daß er *aus der Rolle* fällt.

— Ein Mitarbeiter wirkt in einer ins Programm aufgenommenen *Werbesendung einer Partei* im Rahmen des Wahlkampfs mit.

— Ein Mitarbeiter tritt im Rahmen seiner in der Freizeit betriebenen parteipolitischen Tätigkeit *als Gegenstand* der Berichterstattung durch die Rundfunkanstalt auf; z. B.: Bericht der Anstalt über Wählerinitiativen der Parteien, Interview mit einem Tagesschausprecher *als* SPD- oder CDU-Wahlhelfer.

— Ein Mitarbeiter setzt *die technischen Mittel der Rundfunkanstalt* zur Wahlpropaganda *bei Gelegenheit seines Dienstes* ein, z. B. in der Kantine, am Schwarzen Brett, bei Drehpausen etc.

— Ein Mitarbeiter erscheint *dienstlich* auf dem Bildschirm oder vor dem Mikrophon, nachdem er *direkt oder kurze Zeit zuvor als Wahlkämp-*

---

[21] Dazu näher: *Müller,* a.a.O. (Anm. 16), S. 119 f.

fer im Rundfunk erschienen ist, bzw. bevor er *direkt oder kurze Zeit danach als Wahlkämpfer* erscheint.

1.5. Beurteilung nach geltendem Recht

Die Problematik der Ausgangsfälle kann nach unterschiedlichen Kriterien beurteilt werden. Von den Beteiligten wird häufig ausschließlich auf *berufsethische Gesichtspunkte* abgestellt. So hat der Hörfunkdirektor des WDR in einem Schreiben vom 17. 2. 1975 auf die „Loyalitätskonflikte" für Rundfunkmitarbeiter hingewiesen, die „als politisch und gesellschaftlich engagierte Staatsbürger eine Partei, Gruppe, Initiative oder Organisation aktiv unterstützen, deren unvoreingenommene publizistische Würdigung Teil ihres redaktionellen Auftrages im WDR ist". Er meint, daß es abzuwägen gelte, „bis wohin ... persönliches politisches Engagement eine unbefangene journalistische Arbeit noch zuläßt". Diese Frage ist von einem bekannten Fernsehjournalisten konkret beantwortet worden: „Jedermann soll sich zum Beispiel in Wählerinitiativen engagieren — Fernsehjournalisten nicht[22]!" Speziell in der Auseinandersetzung um die eingangs zitierte ZDF-Anweisung ist die Auffassung vertreten worden, daß es das Ethos und Selbstverständnis der Rundfunkjournalisten verlange, sich „freiwillig auf so etwas wie den Inhalt der ZDF-Leitlinien (zu) verpflichten"[23].

Stil und Ethos sind Motivationsmöglichkeiten eigener Art; die Rechtslage beeinflussen sie nicht. Das ist, wie schon oben im *Vorwort* zu dieser Studie gesagt, nicht positivistisch, sondern positiv-rechtlich begründet: *In der folgenden juristischen Analyse geht es nicht um Fragen des guten Stils oder eines gentlemen's agreement im Bereich von Hörfunk und Fernsehen.* Solche Fragen sind von den Beteiligten zu stellen und zu beantworten. Hier geht es allein um die *Rechtslage;* d. h. darum, welche *Normen* die geltende Rechts- und Verfassungsordnung für die Lösung der anstehenden Konflikte bereithält, und wie diese Vorschriften, in ihrem lückenlosen Zusammenhang untersucht, die Gesamtproblematik verbindlich regeln. Daher kann es hier weder auf isolierte Einzelaspekte noch auf bloß rechts*politische* Gesichtspunkte, Wünsche oder Bestrebungen entscheidend ankommen[23a].

---

[22] *F. Alt,* in: Die Zeit vom 27. 6. 1975, S. 41. Allgemein zur Rolle der Fernseh-Moderatoren aus letzter Zeit z. B. *D. Stolte,* in: Die neue Ordnung 1975, S. 183 ff.

[23] FUNK-Korrespondenz Nr. 45 vom 5. November 1975, S. 3; vgl. auch epd/Kirche und Rundfunk, Nr. 76/77 vom 25. 10. 1975, S. 2 ff.; Süddeutsche Zeitung vom 22. 10. 1975, S. 4.

[23a] Undeutlich zum Verhältnis von Standesethos und geltendem Recht im Bereich der Medienverantwortung: *W. Hoffmann-Riem,* in: Medienwirkung und Medienverantwortung, Baden-Baden 1975, S. 50 f.; wie hier dagegen *F. Riklin:* Die Programmfreiheit bei Radio und Fernsehen, Freiburg/Schweiz 1973, S. 89.

1.5. Beurteilung nach geltendem Recht

Als Grundlage dieser juristischen Untersuchung dient ein normatives Tableau zur politischen Betätigungsfreiheit der Rundfunkmitarbeiter; es umfaßt sämtliche einschlägigen Normen und weist die erforderlichen Differenzierungen auf. Der Unterschied zu anderen Behandlungen dieses Problemkreises liegt also darin, daß hier keine Fragestellung abgeschnitten, keine Möglichkeit der Differenzierung verschwiegen und keine einschlägige Rechtsquelle ausgespart werden sollen. Das Tableau gliedert sich in die Rechte, auf die sich der Rundfunkmitarbeiter möglicherweise berufen kann (unten 2.), und die Beschränkungen, denen diese Rechte unterliegen können (unten 3.).

2. Subjektive Rechte der Rundfunkmitarbeiter

An subjektiven Rechten der Rundfunkmitarbeiter kommen in erster Linie *Verfassungsrechte* in Betracht. Diese sind zunächst zu erörtern (unten 2.1 - 2.3.); danach sollen *sonstige Rechtspositionen* betrachtet werden (unten 2.4.).

2.1. Art. 5 Abs. 1 Satz 1 GG (Meinungsfreiheit)

2.1.1. Keine Geltung in Ausübung des Dienstes

Ein Rundfunkangestellter hat wie jeder andere das Recht, „seine Meinung in Wort, Schrift und Bild frei zu äußern und zu verbreiten" (Art. 5 Abs. 1 S. 1 GG). Eindeutig gilt das aber nur, soweit der Journalist nicht dienstlich innerhalb der Rundfunkanstalt tätig ist. Denn nur *außerhalb* seines Dienstes hat er die faktisch gleichen Möglichkeiten, seine eigene Meinung *wie jeder andere* Bürger kundzutun. Anders jedoch in Ausübung seines Dienstes als Rundfunkangestellter: Je nach der Art seiner Beschäftigung und der Gestaltung seines Anstellungsvertrags hat er hier faktisch spezielle und dem „Normalbürger" nicht erreichbare Möglichkeiten, kommunikativ tätig zu werden, nämlich mittels der Medien und ihrer besonderen Verstärkungs- und Verbreitungsmechanismen. Entscheidend ist nun, daß diese faktische Sonderstellung nach geltendem Recht normativ abgesichert ist: Art. 5 Abs. 1 S. 2 GG gewährleistet die Rundfunkfreiheit. Zwar spricht das Grundgesetz nicht von „Rundfunkfreiheit", sondern von der Freiheit der Berichterstattung durch Rundfunk. Es wäre jedoch falsch, hieraus eine sachliche Begrenzung der Freiheit des Rundfunks auf bloße Berichterstattung zu folgern. Denn erstens waren für diese Fassung, wie die *Entstehungsgeschichte* zeigt[24], sprachliche Gründe ausschlaggebend; und zweitens läßt sich das Berichten, die Nachrichtenübermittlung *nicht abschichten* von der Meinungsäußerung: Auswahl und Präsentation der Nachricht ist selbst schon die Äußerung einer Meinung[25]. Mit beidem hängt drittens

---

[24] Vgl. *v. Doemming / Füsslein / Matz,* in: JöR N.F. Bd. 1 (1951), S. 82 ff. sowie *Müller / Pieroth / Rottmann:* Strafverfolgung und Rundfunkfreiheit, Berlin 1973, S. 57.

[25] Vgl. auch *R. Hoffmann:* Rundfunkorganisation und Rundfunkfreiheit, Berlin 1975, S. 136 f.; *H. Huppertz:* Zeugnisverweigerungsrecht, Beschlagnahme- und Durchsuchungsverbot zugunsten des Rundfunks im Strafprozeß, München 1971, S. 22; Maunz / Dürig / Herzog, a.a.O. (Anm. 7), Art. 5 Rdnr. 201; *H.-E. Scheele:* Art. 5 Abs. 1 GG und die Unabhängigkeit des Rundfunks, Jur. Diss. Münster 1972, S. 42, 88. Siehe ferner unten 2.1.2. mit Fn. 37.

2.1. Art. 5 Abs. 1 Satz 1 GG (Meinungsfreiheit)

zusammen, daß dem Rundfunk eine der Presse gleichartige *Funktion* im Rahmen der öffentlichen Meinungsbildung zukommt. Nach alldem ist es berechtigt, parallel zur Pressefreiheit von der Rundfunkfreiheit zu sprechen. Das entspricht der Rechtsprechung des Bundesverfassungsgerichts[26] und der überwiegenden Auffassung im Schrifttum[27]. Im übrigen ist es unstreitig, daß unter „Rundfunk" sowohl der Hörfunk als auch das Fernsehen zu verstehen sind[28].

Unabhängig von der noch näher zu erörternden Frage nach den Trägern der Rundfunkfreiheit kann festgestellt werden: Die Rundfunkfreiheit des Art. 5 Abs. 1 S. 2 GG ist gegenüber der allgemeinen Meinungsäußerungs- und -verbreitungsfreiheit des Art. 5 Abs. 1 S. 1 GG speziell. Das läßt sich schon aus dem *Textzusammenhang* des Art. 5 Abs. 1 GG ablesen. Es ergibt sich ferner vor allem aus *Geschichte* und *Funktion* des Art. 5 GG. Seine verschiedenen Einzelgrundrechte, nämlich Meinungsäußerungs- und -verbreitungsfreiheit, Informations-, Presse-, Film- und Rundfunkfreiheit, sind auf die Denk- und Geistesfreiheit zurückführbar[29] und haben gemeinsam die Funktion, die öffentliche Meinung herzustellen und dadurch Entscheidungen des demokratisch verfaßten Staates vorzubereiten und mitzubestimmen; die „ständige geistige Auseinandersetzung", der „Kampf der Meinungen", die nach der Aussage des Bundesverfassungsgerichts für eine freiheitlich-demokratische Staatsordnung „schlechthin konstituierend" sind[30], vollziehen sich gleichermaßen in allen von Art. 5 GG erfaßten Teilbereichen. Dabei bestehen zwischen diesen Teilbereichen vielfältige Abhängigkeiten: Die Information bezieht sich zum einen auf die freie Meinungsäußerung Dritter; zum

---

[26] Vgl. BVerfGE 31, 314, 322 sowie die abweichende Meinung S. 340; 35, 202, 222 f. Zusammenfassend zu dieser Rechtsprechung zuletzt *R. Scholz,* in: JuS 1974, S. 299 ff.

[27] Vgl. *O. Bachof:* Verbot des Werbefernsehens durch Bundesgesetz?, Frankfurt, Berlin 1966, S. 26; *H. P. Ipsen:* Mitbestimmung im Rundfunk, Frankfurt 1972, S. 34 ff.; *H. Lenz,* in: JZ 1963, S. 340; *F. Ossenbühl:* Rundfunkfreiheit und die Finanzautonomie des Deutschlandfunks, München 1969, S. 8 ff.; *W. Rudolf:* Über die Zulässigkeit privaten Rundfunks, Frankfurt 1971, S. 19; *W. Schmitt Glaeser,* in: AöR Band 97 (1972), S. 73; *R. Scholz,* in: JuS 1974, S. 299; *C. Starck:* Rundfunkfreiheit als Organisationsproblem, Tübingen 1973, S. 11. — Im Hinblick auf den einheitlichen grundsätzlichen Stellenwert der Presse- und Rundfunkfreiheit hält es *W. Hoffmann-Riem,* in: JZ 1975, S. 470 für „erwägenswert, von einer prinzipiell einheitlichen ‚Medienfreiheit' auszugehen"; so auch *M. Stock,* in: ZevKR Band 20 (1975), S. 256 ff.

[28] Vgl. *Bachof,* a.a.O. (Anm. 27), S. 6; *G. Herrmann:* Fernsehen und Hörfunk in der Verfassung der Bundesrepublik Deutschland, Tübingen 1975, S. 49 ff.; *P. Lerche:* Rundfunkmonopol, Frankfurt am Main, Berlin 1970, S. 9 Fn. 2; *Maunz / Dürig / Herzog,* a.a.O. (Anm. 7), Art. 5 Rdnr. 197; *R. Scholz,* in: JuS 1974, S. 299; *Stern / Bethge:* Die Rechtsstellung des Intendanten der öffentlich-rechtlichen Rundfunkanstalten, München 1972, S. 12.

[29] Vgl. dazu *H. Windsheimer:* Die „Information" als Interpretationsgrundlage für die subjektiven öffentlichen Rechte des Art. 5 Abs. 1 GG, Berlin 1968, S. 64 ff.

[30] Vgl. BVerfGE 5, 85, 134 ff.; 7, 198, 208.

andern ist die freie Information die Voraussetzung für die eigene Meinungsbildung, -äußerung und -verbreitung. Die hier angesprochenen Prozesse vollziehen sich heute in relevanter Weise nicht mehr im Kaffeehaus oder im Hyde Park corner, sondern in den Massenmedien. Die durch die grundrechtlichen Gewährleistungen angestrebte umfassende Information ist nicht mehr auf der „Jedermannsebene" zu erlangen, sondern muß durch die Massenmedien beschafft und vermittelt werden. Die Rundfunkfreiheit ist dabei eine der „funktionellen Spezialisierungen", durch die die „informatorische Öffentlichkeit", und damit letztlich Denk- und Geistesfreiheit sowie der demokratische Prozeß hergestellt werden sollen[30a].

Das Verhältnis von lex specialis zu lex generalis bedeutet: *Soweit die sachliche Gewährleistung der speziellen Norm reicht, ist die Geltung der allgemeinen Norm ausgeschlossen. In Ausübung seines Dienstes kann sich der Rundfunkjournalist demnach nur auf Art. 5 Abs. 1 S. 2 GG, nicht jedoch auf dessen Satz 1 berufen*[31]. Im gleichen Sinn betont *Hoffmann-Riem*, daß die Programm-Mitarbeiter kein Recht auf Verbreitung der eigenen Meinung über den Rundfunk haben[32]. Im Anschluß daran nimmt er jedoch an, „daß die Rundfunkanstalt den Programm-Mitarbeitern *die Aufgabe überträgt*, ihre subjektiven Meinungen bzw. die unter subjektivem Aspekt ausgewählten Nachrichten im Rundfunk zu verbreiten", womit eine „Ermächtigung" zur Ausübung des Art. 5 Abs. 1 S. 1 GG gegeben sei[33]. Einerseits sei der Rundfunkanstalt bei der Aus-

---

[30a] Vgl. zu diesem Zusammenhang der Rechte des Art. 5 Abs. 1 GG sowie zur „Eigenständigkeit", „funktionellen Spezialisierung" der Rundfunkfreiheit gegenüber der Meinungsfreiheit jetzt auch *M. Stock*, in: ZevKR Band 20 (1975), S. 281 f., 289 f.

[31] Übereinstimmend Maunz / Dürig / *Herzog*, a.a.O. (Anm. 7), Art. 5 Rdnr. 204; s. auch *E. Wufka:* Die verfassungsrechtlich-dogmatischen Grundlagen der Rundfunkfreiheit, Frankfurt, Berlin 1971, S. 74 ff. Anders *J. Wenzel:* Die Programmfreiheit des Rundfunks, Jur. Diss. Gießen 1970, der einerseits (S. 28) richtig betont, daß es kein Grundrecht des einzelnen Bürgers gebe, durch den Rundfunk etwas verlautbaren zu dürfen, andererseits (S. 47 ff.) den Programm-Mitarbeitern im Dienst das Grundrecht der Meinungsfreiheit (Art. 5 Abs. 1 Satz 1 GG) zugesteht; undeutlich auch *Stern / Bethge*, a.a.O. (Anm. 28), S. 62 ff. Wiederum anders *Herrmann*, der generell für „kumulative Grundrechtsnormenanwendung" eintritt und die rundfunkkommunikatorische Tätigkeit durch Art. 5 Abs. 1 S. 1 und 2, 12 Abs. 1 und 2 Abs. 1 GG geschützt ansieht, mit der Konsequenz, daß auch die Schranken aller dieser Grundrechte in allen Fällen einschlägig sind, vgl. a.a.O. (Anm. 28), S. 13 ff., 60, 98 f., 113 ff., 174, 210 ff.; dem kann schon im Ansatz nicht gefolgt werden, vgl. unten 3.1.

[32] Vgl. *Hoffmann-Riem*, a.a.O. (Anm. 17), S. 108 ff.; in diesem Sinn auch *H. Bethge*, in: UFITA Band 69 (1973), S. 151; *v. Bismarck*, a.a.O. (Anm. 5), S. 2 f.; *Herrmann*, a.a.O. (Anm. 28), S. 158, 254; *F. Mai*, in: Probleme der Binnenstruktur der öffentlich-rechtlichen Rundfunkanstalten, München 1974, S. 34; *Riklin*, a.a.O. (Anm. 23a), S. 136; *G. Roellecke*, in: AfP 1971, S. 11; *Starck*, a.a.O. (Anm. 27), S. 12; *Stern / Bethge*, a.a.O. (Anm. 28), S. 65.

[33] *Hoffmann-Riem*, a.a.O. (Anm. 17), S. 110, Hervorhebung im Original; ebenda, S. 111 ff. zum folgenden.

2.1. Art. 5 Abs. 1 Satz 1 GG (Meinungsfreiheit)

übung dieser Ermächtigung ein Ermessensspielraum zuzugestehen, da sie sich bei der „Aktivierung" der Programm-Mitarbeiter zwar im Rahmen der Anstaltsaufgabe halten müsse, aber „keinesfalls verfassungsrechtlich gezwungen" sei, die ihr gegebenen „Einwirkungsmöglichkeiten voll auszuschöpfen". Andererseits soll die Rundfunkanstalt verpflichtet sein, das Grundrecht der Programm-Mitarbeiter aus Art. 5 Abs. 1 S. 1 GG „zu respektieren"[34]. Diese Ausführungen sind widersprüchlich. Grundrechte binden die öffentliche Gewalt so weit, wie ihre sachliche Gewährleistung reicht. Es darf nicht im Ermessen von Trägern öffentlicher Gewalt stehen, ob und wie weit ein Grundrecht ausübbar ist. Grundrechte sind zum Schutz der Bürger gegenüber der öffentlichen Gewalt von der Verfassung gewährleistet; sie können daher nicht in die Ausübungsermächtigung eben eines dieser Träger öffentlicher Gewalt gestellt werden. Nicht um die Ermächtigung zur Inanspruchnahme der Meinungsfreiheit geht es bei der dienstlichen Tätigkeit von Rundfunkmitarbeitern, sondern um die Reichweite individueller Rundfunkfreiheit[35].

Ein Vergleich mit der Wissenschaftsfreiheit des Art. 5 Abs. 3 GG mag das verdeutlichen. Die Lehre eines Dozenten im Hörsaal enthält unvermeidlich auch Meinungen, doch wird rechtstechnisch die Meinungsfreiheit von der Wissenschaftsfreiheit verdrängt. Ebensowenig wird der Unterricht des Lehrers in der Schule von der herrschenden Rechtslehre als ein Fall des Art. 5 Abs. 1 S. 1 GG angesehen, obwohl auch hier — wie in den anderen Fällen — „von der Dynamik der Bürgerrolle des Lehrers ein entscheidender Antrieb in seine berufsspezifische Rolle übergeht"[36]. Im Fall des Rundfunks ist es nicht die Wissenschaft oder der Unterricht für Heranwachsende, sondern der Prozeß der öffentlichen Meinungsbildung, in dessen Dienst auch individuelles Meinen gestellt wird. Dadurch ist die einzelne Meinung einerseits der spezifischen Wirkungsmöglichkeiten dieses Mediums teilhaftig, wird aber andererseits in die besonderen Funktionsvoraussetzungen und -mechanismen eingebunden[36a]. Für die Kommunikation *im* Rundfunk ist also nicht Art. 5 Abs. 1 S. 1 GG, sondern dessen Satz 2 einschlägig.

---

[34] *Hoffmann-Riem*, a.a.O. (Anm. 17), S. 111.

[35] Dazu noch näher unten 2.2.1.; über die Kriterien, die *insofern* anzulegen sind, kann *Hoffmann-Riem* zugestimmt werden, insbesondere was die Rollendifferenzierung nach Tätigkeitsbereichen angeht (S. 112 f.).

[36] *M. Stock*, Pädagogische Freiheit und politischer Auftrag der Schule, Heidelberg 1971, S. 253 f., 258; vgl. auch die weiteren „bildungsrechtlichen Analogien" bei *M. Stock*, in: ZevKR Band 20 (1975), S. 292 ff.

[36a] Übereinstimmend jetzt *M. Stock*, in: ZevKR Band 20 (1975), S. 290 ff., der von „publizistischen Sachgesetzlichkeiten" und vom „publizistischen Sachprinzip" spricht.

2.1.2. Weitere Normbereichsaspekte

Zum Normbereich des Art. 5 Abs. 1 S. 1 GG sei hier soviel bemerkt, daß nicht nur die Meinung im Sinn subjektiver, wertender *Stellungnahme*, sondern auch die *Tatsachenmitteilung* geschützt ist, die bezüglich ihrer Gestaltung sowie der Zeit und des Ortes ihrer Kundgabe im Grund ebenfalls Ausdruck subjektiver Stellungnahme ist[37]. Ferner widerspricht jede Differenzierung nach „wertvollen" oder „weniger wertvollen" Meinungsbeiträgen dem Art. 5 Abs. 1 S. 1 GG[38]. Der Grundrechtsschutz hängt also nicht von einer „Bewertung des einzelnen Druckerzeugnisses"[39] oder von dem „jeweils verfolgten Interesse oder der Qualität der Darbietung"[40] ab.

Die hier angesprochenen Aktivitäten eines Rundfunkmitarbeiters in seiner Freizeit, wie die Mitarbeit bei einer Wählerinitiative durch Reden auf Versammlungen, durch Unterzeichnen von Aufrufen, Schreiben von Artikeln etc., *fallen durchweg in den Schutzbereich des Art. 5 Abs. 1 S. 1 GG. Allenfalls ist es denkbar, daß Art. 5 Abs. 1 S. 1 GG im Einzelfall von einem spezielleren Grundrecht, z. B. Art. 8 oder 9 GG verdrängt wird; in einem solchen Fall wird die freie politische Aktivität des Rundfunkmitarbeiters dann durch das Spezialrecht gewährleistet.*

2.1.3. Keine Drittwirkung

Gelegentlich — so auch von *Fuhr*[41] — wird angenommen, Art. 118 Abs. 1 S. 2 WRV gelte fort. Nach dieser Norm darf den einzelnen an seinem Recht der Meinungsäußerung „kein Arbeits- oder Angestelltenverhältnis hindern, und niemand darf ihn benachteiligen, wenn er von diesem Rechte Gebrauch macht"[42]. Wäre dies wirklich zugleich Norm-

---

[37] Vgl. *Herrmann*, a.a.O. (Anm. 28), S. 60 ff.; *Hesse*, a.a.O. (Anm. 20), S. 160; Hoffmann-Riem, a.a.O. (Anm. 17), S. 107; ders., in: JZ 1975, S. 470; W. *Mallmann*, in: JZ 1966, S. 632; *U. Scheuner*, in: VVDStRL Band 22, Berlin 1963, S. 68 f.; *M. Stock*, in: ZevKR Band 20 (1975), S. 282; *Wenzel*, a.a.O. (Anm. 31), S. 48; *Windsheimer*, a.a.O. (Anm. 29), S. 89 ff. — a. M.: *v. Mangoldt / Klein:* Das Bonner Grundgesetz, 2. Aufl., Band I, Berlin und Frankfurt 1957, S. 238 f.

[38] Vgl. entsprechend für Art. 5 Abs. 1 S. 2 GG: BVerfGE 35, 202, 222 f.

[39] BVerfGE 34, 269, 283.

[40] BVerfGE 35, 202, 222.

[41] AfP 1975, Heft 1, S. 736 unter Berufung auf *M. Löffler*, in: NJW 1964, S. 1101; ferner *Stern / Bethge*, a.a.O. (Anm. 28), S. 64 f. mit dem Argument, man dürfe „sich nicht dem Vorwurf aussetzen, das Grundgesetz gewähre weniger Libertäten als seine konstitutionelle Vorgängerin".

[42] Die Sprengkraft, die in dieser Vorschrift enthalten war, wurde übrigens von Lehre und Rechtsprechung unter der Weimarer Verfassung weitgehend entschärft. Beispielsweise sah *K. Rothenbücher*, in: VVDStRL Band 4, Berlin und Leipzig 1928, S. 26 den Arbeitgeber durch Art. 118 WRV nur an einer fristlosen Kündigung gehindert, wenn der Arbeitnehmer in einer dem Arbeitgeber nicht genehmen Weise das Grundrecht der Meinungsfreiheit ausübte, und selbst das sollte nicht ausnahmslos gelten; *R. Thoma*, ebd. S. 85

2.1. Art. 5 Abs. 1 Satz 1 GG (Meinungsfreiheit)

inhalt des Art. 5 Abs. 1 GG, so bliebe es unverständlich, wieso — nach *Fuhr* — trotzdem im Arbeitsverhältnis des Rundfunkjournalisten diesen benachteiligende Maßnahmen (wie z. B. ein sechswöchiges Sendeverbot) getroffen werden dürfen, die an den Gebrauch des Rechts der Meinungsäußerung (z. B. an die Beteiligung an einer Wählerinitiative in der Freizeit) anknüpfen. Denn Art. 118 Abs. 1 S. 2 WRV steht nicht seinerseits unter dem Vorbehalt der allgemeinen Gesetze, sondern bezieht sich auf die Meinungsfreiheit in dem Umfang, wie er sich aus der Geltung der allgemeinen Gesetze ergibt. Art. 118 Abs. 1 S. 1 WRV lautet nämlich: „Jeder Deutsche hat das Recht, innerhalb der Schranken der allgemeinen Gesetze seine Meinung durch Wort, Schrift, Druck, Bild oder in sonstiger Weise frei zu äußern."

Vielmehr hat Art. 5 Abs. 1 GG im geltenden Recht keine Drittwirkung[43]. Es gilt für ihn, was allgemein zu dem Problem der Drittwirkung von Grundrechten zu sagen ist[44]: Eine unmittelbare Drittwirkung ist nach positivem Verfassungsrecht ausgeschlossen. Art. 1 Abs. 3 GG normiert unmißverständlich, daß Grundrechte die *öffentliche Gewalt* binden. Darüber hinaus sprechen gegen eine Bindung der Privaten an die Grundrechte: die Genese der Grundrechte als Abwehrrechte gegen den Staat sowie der Umkehrschluß aus Art. 9 Abs. 3 S. 2 GG, der als einzige Grundrechtsvorschrift eine Bindung von Privaten vorsieht. Auch das Verständnis der Grundrechte als Elemente objektiver Ordnung[45] kann eine unmittelbare Drittwirkung der Grundrechte nicht begründen; denn insoweit Grundrechte zur positiven Aktualisierung aufgegeben sind, meint die Verfassung *freie* Aktualisierung. Eine Bindung auch derer an die Grundrechte, denen sie zur freien Entfaltungsmöglichkeit zustehen, würde aber zu einer Umdeutung von Rechten in Pflichten führen. Was im Verhältnis zur öffentlichen Gewalt freiheitsbegründend ist, würde sich im Verhältnis zwischen Privaten freiheitsbeschränkend auswirken.

Das Problem der Drittwirkung braucht hier nicht weiter vertieft zu werden. Art. 5 Abs. 1 GG in der Person eines Rundfunkmitarbeiters wirkt nicht gegenüber einem privaten Arbeitgeber, sondern gegenüber

---

bezeichnete die Vorschrift als „rätselhaft". Das Reichsarbeitsgericht Band 14, S. 72, 77 sah eine Kündigung im Anschluß an eine Meinungsäußerung nur dann als unzulässig an, wenn sie sich als „Willkürakt" darstellte. Vgl. hierzu auch *H.-V. Kirschner:* Das Grundrecht der freien Meinungsäußerung des Arbeitnehmers im öffentlichen Dienst, Jur. Diss. Frankfurt 1970, S. 42 ff.

[43] *Fuhrs* Ansicht ist, entgegen seiner Angabe, keineswegs „allgemein anerkannt"; das Fortgelten des Art. 118 Abs. 1 Satz 2 WRV verneinen z. B.: *K. A. Bettermann,* in: JZ 1964, S. 607; *Maunz / Dürig / Herzog,* a.a.O. (Anm. 7), Art. 5 Rdnr. 169; *P. Schwerdtner,* in: JR 1972, S. 358.

[44] Vgl. die treffende Darstellung bei *Hesse,* a.a.O. (Anm. 20), S. 147 ff.; ferner *H.-U. Erichsen:* Staatsrecht und Verfassungsgerichtsbarkeit I, Frankfurt 1972, S. 12 ff.

[45] Vgl. *Hesse,* a.a.O. (Anm. 20), S. 118 ff., 124 ff.

2. Subjektive Rechte der Rundfunkmitarbeiter

einer öffentlich-rechtlichen Anstalt und ist deshalb direkt anwendbar. Das soll im folgenden näher begründet werden.

2.1.4. Die Bindung der Rundfunkanstalt an Grundrechte

2.1.4.1. Ausübung öffentlicher Gewalt

Art. 5 GG wirkt wie alle Grundrechte dem Staat gegenüber direkt; d. h. es werden durch diese Norm „Gesetzgebung, vollziehende Gewalt und Rechtsprechung" unmittelbar gebunden (Art. 1 Abs. 3 GG). Unabhängig von der arbeitsrechtlichen Beziehung zwischen der Rundfunkanstalt und ihrem Angestellten im einzelnen kann die Rundfunkanstalt als juristische Person des öffentlichen Rechts öffentliche Gewalt ausüben und deshalb Grundrechtsverpflichtete sein. Das ist für die Vergabe von Sendezeiten an die politischen Parteien[46] schon anerkannt und kann auch für andere Fallkonstellationen gelten. Die Rundfunkanstalt ist aus dem Grundrecht des Art. 5 GG sowohl berechtigt als auch verpflichtet, ist gleichzeitig Grundrechtsträger und Grundrechtsadressat. Sie ist wie die Universität „mitten hineingestellt in das grundrechtliche Spannungsverhältnis von Staat und Bürger, ... mit Front nach beiden Seiten"[47]. Diese Doppelstellung ergibt sich nach positivem Verwaltungs- und Verfassungsrecht aus dem Nebeneinander von unmittelbarer und mittelbarer Staatsverwaltung und aus den Rechtswirkungen der *Autonomie* öffentlich-rechtlicher Selbstverwaltungsträger. Diese können sich sogar auf *Grundrechte* berufen, soweit sie ihnen die Verfassung zum Schutz ihres autonomen Funktionsvollzugs als Bereiche freier Selbstverantwortung eigens einräumt. Hierher zählen wegen Art. 5 Abs. 1 Satz 2 GG auch die Rundfunkanstalten.

Ein solches Sowohl-als-auch tritt also auch bei anderen Problemen des Rundfunkrechts auf. Es ist, theoretisch gesehen, letztlich Konsequenz der in der deutschen Verfassungstradition verwurzelten Trennung von Staat und Gesellschaft[48] und der nur zum Teil damit zusammenhängen-

---

[46] Vgl. BVerfGE 7, 99, 103; 14, 130, 133; hierzu umfassend: *H.-R. Lipphardt:* Die Gleichheit der politischen Parteien vor der öffentlichen Gewalt, Berlin 1975, S. 365 - 456.

[47] *K. A. Bettermann,* in: Universitätstage 1963, S. 57. Vgl. hierzu neuestens *F. Ossenbühl:* Rundfunk zwischen Staat und Gesellschaft, München 1975. — Zur Grundrechtsfähigkeit juristischer Personen des öffentlichen Rechts: BVerfGE 21, 362, 367 ff.; 23, 12, 24; 23, 353, 372 f. m. Nw.en; 31, 314, 321 f.; das Schrifttum ist unten Anm. 63 nachgewiesen.

[48] Zur Frage der Tragfähigkeit dieses Theorems unter der Geltung des Grundgesetzes vgl. einerseits *E.-W. Böckenförde:* Die verfassungstheoretische Unterscheidung von Staat und Gesellschaft als Bedingung der individuellen Freiheit, Opladen 1973; andererseits *K. Hesse,* in: DÖV 1975, S. 437 ff. Zur Entstehung und historischen Funktion *F. Müller:* Korporation und Assoziation, Berlin 1965, S. 314 ff.; *H. Ehmke:* „Staat" und „Gesellschaft" als verfassungstheoretisches Problem, in: Festgabe für Rudolf Smend, Tübingen 1962, S. 23 ff.

den Unterscheidung von privatem und öffentlichem Recht[49]. Solange das positive Recht weitgehend in diesen traditionellen Bahnen verharrt, ist auch der Rundfunk, der von der Sache her einer strikten Zuordnung zu einem der beiden Bereiche widersteht, ihr gleichwohl unterworfen. Allerdings gewinnt die verfassungsrechtliche Gewährleistung der Rundfunkfreiheit in diesem Zusammenhang erhöhte Bedeutung; sie kann im Einzelfall die einfach-gesetzliche Zuordnung zu einem der beiden Bereiche modifizieren oder derogieren[50]. Beispielsweise hat jüngst *Ossenbühl* gezeigt, daß nicht überall dort, wo der Gesetzgeber den Begriff „juristische Person des öffentlichen Rechts" oder „landesunmittelbare Körperschaft und Anstalt" verwendet, die öffentlich-rechtlichen Rundfunkanstalten ohne weiteres mit einzubeziehen sind[51]. Die Rechtslage muß hinsichtlich jeder einzelnen Norm gesondert untersucht werden, Verallgemeinerungen sind unzulässig. So ist auch die Frage der Grundrechtsbindung der Rundfunkanstalten nicht identisch mit der Frage, ob die Handlungsformen dem „Regime des öffentlichen Rechts" unterliegen[52]; für die Regelungsbereiche der Schadensersatzpflicht oder des Rechtswegs[53] können die Antworten wiederum verschieden ausfallen.

Die Frage, wann im Einzelfall von der Rundfunkanstalt öffentliche Gewalt ausgeübt wird, kann die Judikatur noch verwirren. Das zeigt die jüngste Entscheidung des Bundesverfassungsgerichts zur Vergabe von Sendezeiten an die Parteien durch die Rundfunkanstalten. Kurz vor der Bundestagswahl 1972 hatte die NPD gegen den SWF eine einstweilige Anordnung des VG Freiburg erwirkt, durch die den in der ARD zusammengeschlossenen Rundfunkanstalten aufgegeben wurde, der Partei über die bereits gewährten 5 Sendeminuten hinaus weitere 10 Sendeminuten für Wahlpropaganda im Deutschen Fernsehen zur Verfügung zu stellen. Hiergegen erhob der SWF Verfassungsbeschwerde, über die nicht entschieden ist. Auf den gleichzeitig gestellten Anordnungsantrag hin setzte das Bundesverfassungsgericht mit Beschluß vom 17. 11. 1972[54] die Vollziehung der Entscheidung des VG bis zur Entscheidung über die Verfassungsbeschwerde aus. Die Rundfunkanstalt stützte ihre Anträge auf eine **Verletzung des Art. 5 Abs. 1 S. 2 GG** durch die Entscheidung des VG. Dementsprechend hielt auch das Bundesverfassungsgericht die Verfassungsbeschwerde und den Anordnungsantrag für zulässig, da Rundfunkanstalten die Verletzung „ihres Grundrechts auf Rundfunkfreiheit" im

---
[49] Dazu allgemein *M. Bullinger*: Öffentliches Recht und Privatrecht, Stuttgart, Berlin, Köln, Mainz 1968.
[50] Vgl. auch *Müller / Pieroth / Rottmann*, a.a.O. (Anm. 24), S. 67 f.
[51] *Ossenbühl*, a.a.O. (Anm. 47), S. 49 und passim.
[52] So zu undifferenziert *Ossenbühl*, a.a.O. (Anm. 47), S. 40.
[53] Vgl. dazu *E. D. Benke*, in: JuS 1972, S. 257 ff.; *H. Bethge*, in: VA Band 63 (1971), S. 152 ff.
[54] BVerfGE 34, 160 ff.

Weg der Verfassungsbeschwerde geltend machen könnten und der SWF durch die angefochtene Entscheidung des VG unmittelbar betroffen sei[55]. Hier sieht es zunächst so aus, als würde das Bundesverfassungsgericht die Vergabe von Sendezeiten an politische Parteien durch den Rundfunk *sowohl* als Ausübung öffentlicher Gewalt *wie auch* als Ausübung grundrechtlich gesicherter Rundfunkfreiheit betrachten[56]. Hinsichtlich ein und derselben Handlung erscheint nach dem oben Gesagten eine solche Vorstellung keineswegs ausgeschlossen. Dennoch hat das Bundesverfassungsgericht in dem genannten Fall die getroffene vorläufige Regelung nach § 32 Abs. 1 BVerfGG dann nicht (auch) auf eine Verletzung der Rundfunkfreiheit gestützt, sondern ausschließlich auf die (mögliche) Verletzung des „Grundsatzes der gleichen Wettbewerbschancen" durch die verwaltungsgerichtliche einstweilige Anordnung. Das tragende Problem dieser Entscheidung liegt infolgedessen nur noch bei der Frage, wie intensiv der behaupteten Grundrechtsverletzung schon in der Zulässigkeitsstation nachzugehen ist[57].

Ob die Rundfunkanstalt *im Einzelfall* der Grundrechtsbindung unterliegt[58], beantwortet sich also in zwei Stufen: Erstens muß sich die fragliche Handlung gegenüber einzelnen als Ausübung öffentlicher Gewalt (gegenüber der unmittelbaren Staatsverwaltung u. U. zugleich als Grundrechtsausübung) durch die Rundfunkanstalt darstellen. In einem zweiten Schritt ist dann zu untersuchen, ob ein gegenüber der Rundfunkanstalt in Anspruch genommenes Grundrecht vom Normbereich her einschlägig ist. Für *dieses Stadium* der Prüfung ist die Feststellung *Hoffmann-Riems* zutreffend: „Nicht eine schematische Einordnung, sondern nur die *Einzelexegese der Grundrechtsnorm* gibt Auskunft über die Grundrechtsgeltung[59]."

Für den vorliegend diskutierten Bereich ist die Frage der Grundrechtsbindung der Rundfunkanstalt klar zu beantworten. Es geht um Maßnahmen der Rundfunkanstalt *gegenüber den Rundfunkmitarbeitern*. Da aber Grundrechte nach geltendem Verfassungsrecht keine unmittelbare Drittwirkung haben, ist es ausgeschlossen, derartige Maßnahmen als Grundrechtsausübung anzusehen. *Es handelt sich* vielmehr *bei Maßnahmen der Rundfunkanstalt gegenüber Rundfunkmitarbeitern um Ausübung öffentlicher Gewalt.* Üblicherweise wird die Grundrechtsbindung

---

[55] BVerfGE 34, 160, 162.
[56] Vgl. hierzu *Lipphardt*, a.a.O. (Anm. 46), S. 454 f. mit weiteren Nachweisen.
[57] Vgl. hierzu *Leibholz / Rupprecht:* Bundesverfassungsgerichtsgesetz, Köln 1968, § 90 Anm. 69.
[58] Auch *Hoffmann-Riem*, a.a.O. (Anm. 17), S. 98 betont, daß die Frage der Grundrechtsgeltung auf die Besonderheiten der Rundfunkmaterie zu beziehen und daß jede schematisierende Einordnung zu vermeiden ist.
[59] *Hoffmann-Riem*, a.a.O. (Anm. 17), S. 99; Hervorhebung im Original.

juristischer Personen des öffentlichen Rechts zwar unter den Vorbehalt gestellt, daß diese „zur Erfüllung öffentlicher Aufgaben tätig" werden müssen[60]. Ein solcher Vorbehalt erscheint jedoch überflüssig, da die juristischen Personen des öffentlichen Rechts überhaupt nur zur Erfüllung öffentlicher Aufgaben tätig werden dürfen: Sie werden durch staatlichen Akt ins Leben gerufen und erhalten in gleicher Weise, grundsätzlich durch gesetzlich fixierte Aufgabenkataloge, ihren Funktionsbereich zugewiesen. In den *Mitteln* der Aufgabenerfüllung sind die mit Autonomie begabten Körperschaften des öffentlichen Rechts in gewissem Umfang frei. Sie sind nicht auf den Vollzug ihrer Aufgaben in *bestimmter* Weise festgelegt. „Autonomie" bedeutet gerade die Abkehr von einem „Maschinenmodell", das die Körperschaft auf die Ausführung vor vorgegebenen Instruktionen beschränkt[61]. In diesem Sinn ist auch für die Rundfunkanstalten betont worden, „daß die Bestimmung der Rundfunkanstalts-Aufgabe nicht zugleich einen Betätigungskatalog mit rechtlicher Begrenzungswirkung liefert"[62]. Ausdruck dieses Spielraums ist die Inanspruchnahme von Grundrechten auch durch die juristischen Personen des öffentlichen Rechts[63]. Andererseits darf die Grundrechtsausübung einer juristischen Person des öffentlichen Rechts den ihr zugewiesenen Funktionsbereich nicht überschreiten[64]. Das heißt aber nichts anderes, als daß die juristischen Personen des öffentlichen Rechts in der Tat hier nur zur Erfüllung öffentlicher Aufgaben tätig werden dürfen.

2.1.4.2. Zur „Fiskalgeltung" der Grundrechte

Nach dem bisher Ausgeführten sind die zur Debatte stehenden Maßnahmen der Rundfunkanstalt gegenüber ihren Mitarbeitern als Akte

---

[60] Vgl. *H. Bethge,* in: JR 1972, S. 143; *Hoffmann-Riem,* a.a.O. (Anm. 17), S. 99.

[61] Vgl. dazu besonders *Ridder / Ladeur:* Das sogenannte Politische Mandat von Universität und Studentenschaft, Köln 1973, S. 13 ff., 25.

[62] *H. P. Ipsen,* in: DÖV 1974, S. 724.

[63] Nach BVerfGE 21, 362, Leitsatz 1 „gelten die Grundrechte grundsätzlich nicht für juristische Personen des öffentlichen Rechts, soweit sie öffentliche Aufgaben wahrnehmen"; es soll jedoch „dann etwas anderes gelten, wenn ausnahmsweise die betreffende Rechtsträgerin unmittelbar dem durch die Grundrechte geschützten Lebensbereich zuzuordnen ist" (a.a.O., S. 373). Gegen diese Entscheidung haben sich ausgesprochen: *K. A. Bettermann,* in: NJW 1969, S. 1324 ff.; *R. Dreier,* in: Festschrift für Hans Ulrich Scupin, Berlin 1973, S. 85 ff.; *Erichsen,* a.a.O. (Anm. 44), S. 153 ff.; *A. v. Mutius,* in: Kommentar zum Bonner Grundgesetz (Bonner Kommentar), Stand: 33. Lieferung, Hamburg 1974, Art. 19 Abs. 3 Rdnr. 88 ff.; *G. Ulsamer,* in: Festschrift für Willi Geiger, Tübingen 1974, S. 206 f.; dagegen zustimmend zum Bundesverfassungsgericht: *W. Rupp - v. Brünneck,* in: Festschrift für Adolf Arndt, Frankfurt 1969, S. 362 ff.; *J. Burmeister:* Vom staatsbegrenzenden Grundrechtsverständnis zum Grundrechtsschutz für Staatsfunktionen, Frankfurt 1971, S. 78 ff.

[64] Vgl. mit ausführlichen Nachweisen *v. Mutius,* a.a.O. (Anm. 63), Rdnr. 43 f., 69 f., 105, 111 ff.

in Ausübung öffentlicher Gewalt zu qualifizieren. Es ist nur noch fraglich, ob folgende Tatsache zu einer anderen Betrachtungsweise nötigt: Die Rundfunkmitarbeiter stehen in einem privatrechtlichen Arbeitsverhältnis zur Rundfunkanstalt[65]. Für diese Qualifizierung ist es ohne Belang, ob der Status der Rundfunkmitarbeiter der von öffentlichen Bediensteten ist, d. h. ob sie bei den Rundfunkanstalten im öffentlichen Dienst stehen oder nicht[66]; denn auch die Angestellten und Arbeiter im öffentlichen Dienst stehen in einem privatrechtlichen Arbeitsverhältnis, auf das grundsätzlich die Normen des Arbeitsrechts Anwendung finden[67]. Damit ist das Problem der „Fiskalgeltung der Grundrechte" aufgeworfen[68]: Sind die Träger öffentlicher Gewalt auch dann an die Grundrechte gebunden, wenn sie in den Formen des Privatrechts tätig werden? Richtiger Ansicht nach ist diese Frage zu bejahen. Soweit die Gegenmeinung sich auf den überlieferten Begriff des „Fiskus" stützt, bedeutet das die Annahme eines Bereichs staatlicher Tätigkeit, der außerhalb der Verfassung liegt. Staatlichkeit ist jedoch nach der geltenden Verfassungsordnung ausschließlich durch das Grundgesetz begründet und begrenzt. Insbesondere Art. 1 Abs. 3 GG ist in seiner Tragweite nicht etwa auf „nichtfiskalisches" Tätigwerden staatlicher Organe beschränkt; nach seinem klaren Wortlaut *binden die Grundrechte die vollziehende Gewalt ohne Einschränkung.*

Zu einem anderen Ergebnis würde im übrigen auch die Rechtsprechung im vorliegenden Fall nicht gelangen. Der Bundesgerichtshof[69] sieht die Verwaltung auch dort, wo sie sich zur Erfüllung ihrer Aufgaben privatrechtlicher Formen bedient, im Grundsatz an die Grundrechte, namentlich an den Gleichheitssatz, gebunden; er macht aber eine Ausnahme für die „fiskalischen Hilfsgeschäfte". Wie immer man diesen Begriff interpretieren mag: der Abschluß von Dienstverträgen mit den Beschäftigten einer Rundfunkanstalt ist kein bloßes „Hilfsgeschäft" bei Gelegenheit der Erfüllung der Aufgaben. Gerade beim Rundfunk, der als Kommunikationsorgan durchweg auf Menschen als Träger der Kommunikation angewiesen ist, steht der Abschluß von Arbeitsverträgen mit den Mitarbeitern noch im Zentrum der Aufgabenwahrnehmung.

---

[65] Vgl. *H. Baumgarten:* Die rechtliche Stellung der bei den öffentlichen Rundfunk- und Fernsehanstalten Beschäftigten, Jur. Diss. Würzburg 1967, S. 99 f., 186 ff.; *Hoffmann-Riem,* a.a.O. (Anm. 17), S. 98.

[66] Vgl. zu dieser Frage noch näher unten 2.4.1.

[67] Vgl. *Kirschner,* a.a.O. (Anm.42), S. 26 f., 30 ff.; *G. Pfennig:* Der Begriff des öffentlichen Dienstes und seiner Angehörigen, Berlin 1960, S. 59 f.; *A. Söllner:* Arbeitsrecht, 2. Aufl., Stuttgart, Berlin, Köln, Mainz 1971, S. 125; *H. J. Wolff:* Verwaltungsrecht II, 3. Aufl., München 1970, S. 485.

[68] Hierzu treffend *Hesse,* a.a.O. (Anm. 20), S. 144 ff.; vgl. auch *Wolff / Bachof,* a.a.O. (Anm. 2), S. 106 ff.

[69] Vgl. BGHZ 29, 76, 80; 33, 230, 233; 37, 1, 27; 52, 325, 327 ff.

2.1.4.3. Mittelbare Drittwirkung nach der Rechtsprechung des Bundesverfassungsgerichts

In den vorangegangenen Ausführungen ist eine Bindung der Rundfunkanstalten an die Grundrechte der Mitarbeiter aus Art. 5 Abs. 1 GG in dem untersuchten Problembereich dargelegt und diesem Grundrecht also insofern unmittelbare Wirkung gegenüber den Rundfunkanstalten zuerkannt worden. Auch wenn man dem nicht folgen würde, brächte das für die Frage der Einschlägigkeit, d. h. der normativen Geltung des Art. 5 Abs. 1 GG, kein anderes Ergebnis. Sähe man nämlich den Abschluß von Dienstverträgen mit Mitarbeitern durch die Rundfunkanstalten nicht als Ausübung öffentlicher Gewalt an, so müßte Art. 5 Abs. 1 GG nach der ständigen Rechtsprechung des Bundesverfassungsgerichts jedenfalls im Weg der mittelbaren Drittwirkung zum Zug kommen[70]. Hiernach gestalten sich die Beziehungen zwischen Privatrechtssubjekten grundsätzlich ausschließlich nach Privatrechtsnormen, besonders nach dem bürgerlichen Recht. Diese Normen müssen jedoch in Einklang mit dem grundrechtlichen „Wertsystem" stehen; dieses beeinflußt die Auslegung der Privatrechtsnormen. So entfaltet sich, nach dem Bundesverfassungsgericht, der Rechtsgehalt der Grundrechte als objektiver Normen im Privatrecht durch das Medium der dieses Rechtsgebiet unmittelbar beherrschenden Vorschriften. Der Einfluß der grundrechtlichen Wertmaßstäbe wird besonders über die „Generalklauseln" spürbar, die daher als die „Einbruchstellen" der Grundrechte in das bürgerliche Recht bezeichnet werden[71].

Diese Technik der mittelbaren Drittwirkung hat das Bundesverfassungsgericht auch in der bisher letzten die Rundfunkfreiheit betreffenden Entscheidung verwendet. Im Lebach-Urteil stritt ein Strafgefangener gegen das ZDF, das ein Dokumentarspiel über die Tat senden wollte, deretwegen der Beschwerdeführer seine Strafe verbüßte. Einerseits ordnete das Bundesverfassungsgericht die Rundfunkanstalt nicht in die Kategorie der Träger staatlicher Gewalt ein; andererseits erstreckte es aber die Pflicht zu „staatlicher Vor- und Fürsorge", die sich aus dem vom Persönlichkeitsschutz des einzelnen umfaßten Resozialisierungsinteresse ergebe, auch auf die Rundfunkanstalt[72]. „Einbruchstelle" für die Grundrechtsgeltung sind die §§ 22, 23 KunstUrhG. Bemerkenswerterweise findet sich aber noch ein weiteres Argument für die Grundrechtsgeltung. Es knüpft an die Überlegung *Hesses* an, daß die Grundrechte die Auslegung privatrechtlicher Vorschriften um so nachhaltiger beeinflussen müs-

---

[70] Vgl. die Darstellung bei *Leibholz / Rinck*: Grundgesetz für die Bundesrepublik Deutschland, 5. Aufl., Köln 1975, Anm. 2 vor Art. 1 - 19; Maunz / Dürig / Herzog, a.a.O. (Anm. 7), Art. 1 Abs. III Rdnr. 131 ff.

[71] BVerfGE 7, 198, 206.

[72] Vgl. BVerfGE 35, 202, 236.

sen, je mehr es um den Schutz personaler Freiheit gegen *Ausübung wirtschaftlicher oder sozialer Macht* geht[73]. Das Bundesverfassungsgericht nimmt die Rundfunkanstalt wegen ihrer „sozialen Machtposition" in Pflicht, die durch die „Monopolstellung" und das „technische und finanzielle Potential" zum Ausdruck komme; nicht aber beruft es sich in diesem Zusammenhang auf die öffentlich-rechtliche Organisationsform der Rundfunkanstalt[74].

Über diese mittelbare Drittwirkung würde ohne weiteres auch Art. 5 Abs. 1 GG in den diskutierten Fällen die Rundfunkanstalt binden. „Einbruchstelle" im gezeigten Sinn wäre vor allem das Direktionsrecht des Intendanten[75].

2.1.4.4. Grundrechtsverzicht

Fraglich ist nur noch, inwieweit die Rundfunkanstalt dadurch aus ihrer Grundrechtsbindung entlassen werden kann, daß der einzelne Mitarbeiter einen Grundrechtsverzicht leistet. Hier ist zunächst zwischen dem Verzicht auf ein Grundrecht als solches, in seiner Substanz (Grundrechtsverzicht im eigentlichen Sinn) und dem Verzicht auf die Ausübung eines Grundrechts (Grundrechtsausübungsverzicht) zu unterscheiden[76].

Ein Verzicht auf ein Grundrecht als solches ist nicht möglich. Zur Begründung braucht nicht erst Art. 1 Abs. 2 GG bemüht zu werden[77], wonach sich das Deutsche Volk „zu unverletzlichen und unveräußerlichen Menschenrechten" bekennt. Die Unzulässigkeit des *„Grundrechtsverzichts im eigentlichen Sinn"* ergibt sich schon daraus, daß der einzelne Bürger nicht die Verfassung ändern kann. Diese legt aber fest, daß alle Menschen vor dem Gesetz gleich sind, daß jeder das Recht hat, seine Meinung zu äußern, daß alle Deutschen das Recht haben, sich zu versammeln, usw. Hinsichtlich des *„Grundrechtsausübungsverzichts"* wird die Auffassung vertreten, daß ein solcher wegen Art. 1 Abs. 2 GG bei Menschenrechten unzulässig, dagegen bei Bürgerrechten zulässig sei: „Der einzelne muß nicht jede Verletzung seiner Grundrechte durch die Geltendmachung eines Abwehrrechts rügen[78]." Als Beispiel hierfür wird angeführt, daß dann keine Verletzung des Art. 13 GG vorliege, wenn jemand der

---

[73] Vgl. *Hesse*, a.a.O. (Anm. 20), S. 151.

[74] Vgl. BVerfGE 35, 202, 233, 237; dazu auch W. *Hoffmann-Riem*, in: Medienwirkung und Medienverantwortung, Baden-Baden 1975, S. 41 f.; *ders.*, in: JZ 1975, S. 474 f.

[75] Vgl. dazu unten 3.3.4.; übereinstimmend *Hoffmann-Riem*, a.a.O. (Anm. 17), S. 98.

[76] Vgl. M. *Malorny*, in: JA 1974, S. 476; Th. *Maunz:* Deutsches Staatsrecht, 20. Aufl., München 1975, S. 151.

[77] So aber M. *Malorny*, in: JA 1974, S. 477 f.

[78] So *Malorny*, in: JA 1974, S. 478; ebd. zum folgenden.

Polizei im Einzelfall gestattet, auch ohne richterlichen Durchsuchungsbefehl (Art. 13 Abs. 2 GG) seine Wohnung zu durchsuchen, oder daß kein Eingriff in die Freiheit der Person vorliege, wenn der Bürger sich von der Polizeibehörde in Schutzhaft nehmen läßt. *Demgegenüber ist zu betonen, daß sorgfältig zwischen folgenden Fallgestaltungen zu differenzieren ist:* (a) Der einzelne macht tatsächlich von einem Grundrecht nicht Gebrauch: Er nimmt an keiner Versammlung teil, tritt keinem Verein bei etc. (b) Der einzelne verpflichtet sich, in Zukunft Grundrechte nicht auszuüben, also: nicht an Versammlungen teilzunehmen, keinem Verein beizutreten etc. (c) Der einzelne verpflichtet sich, Eingriffe in seine Grundrechtsausübung hinzunehmen. (d) Der einzelne ergreift tatsächlich keine Rechtsmittel gegen geschehene Grundrechtseingriffe. — Von diesen Fallgestaltungen sind unproblematisch (a) und (d). Denn dem einzelnen steht es frei, sowohl ein Grundrecht tatsächlich in Anspruch zu nehmen oder nicht, als auch gegen Akte der öffentlichen Gewalt tatsächlich Rechtsmittel zu ergreifen oder nicht. Unproblematisch sind im vorliegenden Zusammenhang auch die weiteren, vorstehend gar nicht erst aufgeführten Fälle, daß von einem Grundrecht Gebrauch gemacht wird und kein Eingriff oder daß ein rechtlich zulässiger Eingriff in dieses Grundrecht vorliegt. Es bleiben also die Fälle (b) und (c) zu untersuchen.

Grundrechte sind nicht nur subjektive Rechte; sie sind zugleich Grundelemente objektiver Ordnung bzw. — in der Terminologie des Bundesverfassungsgerichts — „wertentscheidende Grundsatznormen"[79]. Als solche haben sie eine Schutzrichtung, die normativ auf Art. 1 Abs. 3 GG zurückgeht: Sie sind *negative Kompetenzbestimmungen* für alle staatlichen Gewalten[80]. Nur in dem Umfang, den positive (z. B. die Art. 70 ff. GG) und negative (die Grundrechte) Kompetenznormen von vornherein konstituieren und begrenzen, ist staatliche Gewalt zu rechtmäßiger Tätigkeit befugt. Die generelle Rechtsbindung aller Staatsfunktionen durch Art. 20 Abs. 3 GG und ihre spezielle Grundrechtsbindung durch Art. 1 Abs. 3 GG erstrecken sich auf alle Bereiche; Grundrechtsteil und „organisatorischer Teil" der Verfassung können nicht voneinander getrennt werden. Nicht nur gezielt grundrechtseinschränkende Normen und Maßnahmen, sondern auch alle primär institutionellen und organisatorischen Akte in Rechtsetzung, Rechtskontrolle und vollziehender Gewalt müssen in gleicher Weise die durch die negatorische Wirkung der Grundrechte gezogenen Grenzen respektieren. Soweit sich im Einzelfall die Schutzwirkung eines Grundrechts erstreckt, darf die staatliche Gewalt auch nicht in Gestalt der Organisations- oder der Personalgewalt eingreifen. Es gilt hier normativ wegen Art. 1 Abs. 3 GG, methodisch wegen

---

[79] Vgl. z. B. BVerfGE 21, 362, 372; 33, 303, 330; 35, 79, 112, 116.
[80] Hierzu beispielsweise *H. Ehmke:* Wirtschaft und Verfassung, Karlsruhe 1961, S. 29 f.; *Hesse,* a.a.O. (Anm. 20), S. 125.

des Prinzips der „Einheit der Verfassung" dasselbe wie gegenüber der Gesetzgebung, die „sich in dem grundrechtsgeschützten Raum bewegt"[81].

Hieraus folgt, daß rechtlich nicht zulässige Grundrechtseingriffe nicht dadurch zulässig werden, daß der einzelne sie hinnimmt, sich verpflichtet sie hinzunehmen oder sie gar wünscht. Wegen ihrer objektivrechtlichen Bedeutung als negative Kompetenzbestimmungen können Grundrechte, soweit sie einschlägig sind, gar nicht zur Disposition eines einzelnen stehen. Daher ist — um an die oben genannten Beispielsfälle anzuknüpfen — eine Durchsuchung (Art. 13 Abs. 2 GG) auch bei Gestattung durch den Wohnungseigentümer nicht zulässig; ebensowenig eine Schutzhaft, selbst wenn der Betroffene damit einverstanden ist. Nach dem Gesagten kommt es entscheidend darauf an, ob ein Grundrechts*eingriff* vorliegt. Ein Eingriff setzt voraus, daß grundrechtliche Freiheit direkt beschränkt wird oder daß ein Tatbestand innerhalb des Normbereichs eines Grundrechts verwirklicht worden ist, an den ein Träger öffentlicher Gewalt eine belastende Sanktion geknüpft hat. Wo das nicht der Fall ist, wirkt daher auch die negative Kompetenzbestimmung nicht: Grundrechte reichen nur so weit, wie sie reichen[82]. *Daher* sind die Fälle (a) und (b) zulässig, der Fall (c) dagegen ist ein unzulässiger Grundrechtsverzicht. Hinsichtlich der Fallgruppe (b) ist jedoch noch folgende Einschränkung zu machen: Eine Verpflichtung, ein Grundrecht ohne zeitliche und gegenständliche Beschränkung nicht auszuüben, kommt einem „Grundrechtsverzicht im eigentlichen Sinn" gleich und ist daher nicht zulässig[83].

Soweit danach ein Grundrechtsverzicht überhaupt zulässig ist, muß er *ausdrücklich* und *freiwillig* geleistet werden. „Ausdrücklich" heißt: der Verzicht muß deutlich erkennbar, nicht nur „stillschweigend" sein. „Freiwillig" heißt: er darf nicht unter Druck oder Täuschung zustande gekommen sein. Unter diesen rechtlichen Voraussetzungen wäre es also möglich, daß sich der Rundfunkmitarbeiter z. B. gegenüber der Rundfunkanstalt verpflichtet, in seiner politischen Betätigung in der Freizeit eine gewisse Mäßigung an den Tag zu legen, oder auch das eingangs erwähnte gentlemen's agreement zu schließen, nämlich aus Gründen des guten Stils in Wahlkampfzeiten im Hinblick auf private politische Betätigung Auftritte auf dem Bildschirm oder vor dem Mikrophon zu vermeiden, sofern solche Auftritte grundrechtlich geschützt sein sollten[84]. Ein solcher

---

[81] So für die Rechtsetzung das Bundesverfassungsgericht seit BVerfGE 7, 198, 208 f.; 7, 377, 404. Auch der Grundsatz der „Einheit der Verfassung" ist von dieser Judikatur entwickelt worden; vgl. etwa BVerfGE 1, 14, 32; 3, 225, 231 f.; 19, 206, 220; 28, 243, 261; 34, 165, 183.

[82] Vgl. dazu ausführlich *F. Müller:* Die Positivität der Grundrechte, Berlin 1969, S. 40 ff., 55 ff.

[83] Vgl. *G. Dürig,* in: AöR Band 81 (1956), S. 152; *M. Malorny,* in: JA 1974, S. 478.

[84] Zum Verzicht auf den arbeitsrechtlichen Beschäftigungsanspruch vgl. unten 2.4.2.

Verzicht wirkt selbstverständlich nur zwischen demjenigen, der ihn ausgesprochen hat, und dem Träger öffentlicher Gewalt, gegenüber dem der Verzicht erklärt worden ist. *Allgemeine Regelungen wie die eingangs genannte ZDF-Anweisung können schon aus diesem Grund nicht auf die Rechtsfigur des Grundrechtsverzichts gestützt werden.*

2.1.5. Meinungsäußerung bei Gelegenheit dienstlicher Tätigkeit

Die bisherigen Ausführungen zur Geltung der Meinungsfreiheit der Rundfunkmitarbeiter haben ergeben, daß zwei Bereiche klar zu unterscheiden sind: die Ausübung des Dienstes und die Freizeit. Bei der Erfüllung seiner dienstlichen Aufgaben kann sich der Rundfunkmitarbeiter nicht auf die Meinungsfreiheit des Art. 5 Abs. 1 S. 1 GG, sondern nur auf die Rundfunkfreiheit des Art. 5 Abs. 1 S. 2 GG berufen, deren Normbereichs-Grenzen noch zur Sprache kommen werden[85]. Es ist jedoch eine Reihe von tatsächlichen Situationen denkbar, deren Zuordnung zu einem der beiden genannten Bereiche zweifelhaft sein kann. Das sind die Fälle, die unter der Rubrik der „Meinungsfreiheit im Innenbereich der Anstalt" behandelt werden[86]. Sie sind kein Problem der Rundfunkanstalten allein, sondern kommen in verwandter Form auch bei anderen öffentlichen Bediensteten vor, so beim Lehrer[87]. Zu denken ist an Stellungnahmen zu innerbetrieblichen Vorfällen, an politische Gespräche zeitlich während der Dienststunden und/oder räumlich innerhalb der Anstalt. Hier sind vielfältige tatsächliche Konstellationen möglich, die nicht alle im Detail untersucht werden müssen.

Die rechtliche Lösung hat sich hier innerhalb folgender Grundstruktur zu bewegen. Soweit eine Handlung *im Zusammenhang mit der Erfüllung dienstlicher Aufgaben* steht, ist nicht die Meinungsfreiheit, sondern die Rundfunkfreiheit einschlägig. Dieses Verhältnis der Subsidiarität greift also nicht nur in den Fällen ein, da der Rundfunkmitarbeiter selbst vor dem Mikrophon spricht und/oder auf dem Bildschirm erscheint. Es gilt in gleicher Weise für den Mitarbeiter, der „z. B. nur Informationen sammelt, sortiert usw."[88]. Daher wird man beispielsweise in dem Fall, daß ein Rundfunkmitarbeiter zwar am Rande einer Filmaufnahme, aber in deren äußerem Rahmen, politische Gespräche führt, keine Ausübung der Meinungsfreiheit annehmen können. Art. 5 Abs. 1 S. 1 GG kann demgegenüber dann ohne weiteres auch im Innenbereich der Anstalt einschlägig

---

[85] Vgl. unten 2.2.2. und 2.2.3.
[86] Vgl. *Hoffmann-Riem*, a.a.O. (Anm. 17), S. 114 ff.
[87] Vgl. dazu eingehend U. *Hemmrich:* Die Einschränkung von Grundrechten bei Lehrern, Jur. Diss. Bochum 1970, S. 100 ff.; 126 ff.
[88] Anders aber insoweit *Hoffmann-Riem,* a.a.O. (Anm. 17), S. 114 f., der diesen Bereich der Rolle des Mitarbeiters als „Person" und nicht als „Aufgabenwalter" zuordnen will.

sein, wenn die Meinungsäußerung und -verbreitung *nicht im Zusammenhang* mit der Erfüllung dienstlicher Aufgaben steht. Hierher gehören etwa Gespräche in den Arbeitspausen oder zwar während der Dienstzeit, aber ohne für die Adressaten erkennbaren Bezug zu der gerade zu erledigenden dienstlichen Aufgabe. Für diesen Bereich wird im Schrifttum die Auffassung vertreten, von den Rundfunkmitarbeitern müßten solche Einschränkungen der Meinungsfreiheit hingenommen werden, die im Interesse der Funktionsfähigkeit der Rundfunkanstalt, d. h. vor allem zur Erfüllung der Informationsaufgabe, erforderlich sind[89]. Diese Formel erscheint zu pauschal. Der Sache nach geht es um die Schranken, die die „allgemeinen Gesetze" der Meinungsfreiheit ziehen. Sie werden hier noch eingehend behandelt[90]. Soviel kann jetzt schon festgestellt werden: Die Tatsache, daß eine Meinung *innerhalb* der Rundfunkanstalt geäußert und verbreitet wird, ist ein sachlicher Gesichtspunkt, der je nach Art des unter Art. 5 Abs. 2 GG fallenden Normkomplexes Berücksichtigung finden kann und im Regelfall auch finden wird. Für die Meinungsäußerung *innerhalb des Betriebs* ergeben sich auf diese Weise engere Grenzen als für Meinungsäußerungen in der *Freizeit*.

2.2. Art. 5 Abs. 1 Satz 2 GG (Rundfunkfreiheit)

2.2.1. Rundfunkmitarbeiter als Grundrechtsträger

Gemäß der klassisch liberalen Lehre sind die Grundrechte Abwehrrechte gegenüber der öffentlichen Gewalt. Von dieser Funktion der Grundrechte kann auch unter den veränderten Bedingungen des industrialisierten „Leistungsstaats" nicht abgegangen werden. Fraglich könnte nur sein, ob den Grundrechten weitere Funktionen zugewachsen sind. So ist auch Art. 5 Abs. 1 S. 2 GG zunächst jedenfalls ein Abwehrrecht gegenüber der öffentlichen Gewalt. Träger dieses Grundrechts können sowohl natürliche als auch juristische Personen sein. Das Bundesverfassungsgericht hat aufgrund einer Interpretation des Normbereichs zu Recht festgestellt, daß unter den besonderen tatsächlichen Gegebenheiten im Rundfunk die Veranstaltung von Sendungen so organisiert werden muß, „daß alle in Betracht kommende Kräfte in ihren (sc.: der Veranstalter) Organen Einfluß haben und im Gesamtprogramm zu Wort kommen können"[91]. Ob die Rundfunkveranstalter privatrechtlich oder öffentlich-rechtlich organisiert sind, ist eine andere Frage; jedenfalls entspricht eine öffentlich-rechtliche Organisationsform unter den genannten Voraussetzungen dem Art. 5 Abs. 1 S. 2 GG. Dann ist es aber

---

[89] Vgl. *H. Bethge,* in: UFITA Band 58 (1970), S. 137; *Hoffmann-Riem,* a.a.O. (Anm. 17), S. 115; Maunz / Dürig / *Herzog,* a.a.O. (Anm. 7), Art. 5 Rdnr. 212.
[90] Vgl. unten 3.3.
[91] BVerfGE 12, 205, 206 (Leitsatz 10).

2.2. Art. 5 Abs. 1 Satz 2 GG (Rundfunkfreiheit)

folgerichtig, diese juristische Person des öffentlichen Rechts als Träger des Grundrechts aus Art. 5 Abs. 1 S. 2 GG anzusehen[92]. Die Frage, ob sich das allein aus Art. 5 Abs. 1 S. 2 GG ergibt oder erst in Verbindung mit Art. 19 Abs. 3 GG[93], kann hier insoweit dahinstehen.

Die Rundfunkanstalt als juristische Person des öffentlichen Rechts ist nur eine organisatorische Hülle; ihr Handeln wird durch Menschen vermittelt. Diese Feststellung gilt nicht nur für das organschaftliche Handeln des Intendanten als Geschäftsführer, sondern mehr noch für die Erfüllung der Aufgabe der Rundfunkanstalt insgesamt. Es ist nicht die Anstalt, die Bericht erstattet, kommentiert, analysiert, Meinungen äußert, die also zum Vorgang der öffentlichen Meinungsbildung beiträgt, sondern es sind die Rundfunkmitarbeiter. Auch sie gehören daher zu den Trägern des Grundrechts aus Art. 5 Abs. 1 S. 2 GG[94]. Das entspricht der herrschenden Meinung[95]. Doch wird diese Aussage von einer Mindermei-

---

[92] Vgl. BVerfGE 31, 314, 322; 39, 302, 313 f.; h. M. im Schrifttum: *Bachof*, a.a.O. (Anm. 27), S. 28; *K. Berendes*: Die Staatsaufsicht über den Rundfunk, Berlin 1973, S. 62; *H. Bethge*, in: UFITA Band 58 (1970), S. 132; *Beyer*, a.a.O. (Anm. 8), S. 129 f.; *E. W. Fuhr*: ZDF-Staatsvertrag, Mainz 1972, S. 35; *Herrmann*, a.a.O. (Anm. 28), S. 146 ff.; *Hoffmann-Riem*, a.a.O. (Anm. 17), S. 103; *Ipsen*, a.a.O. (Anm. 27), S. 34 ff.; *H. Lenz*, in: JZ 1963, S. 340; *Ossenbühl*, a.a.O. (Anm. 47), S. 42 ff.; *Rudolf*, a.a.O. (Anm. 27), S. 20 f.; *Starck*, a.a.O. (Anm. 27), S. 11; *Stern / Bethge*, a.a.O. (Anm. 28), S. 59; *M. Stock*, in: ZevKR Band 20 (1975), S. 260; *Wenzel*, a.a.O. (Anm. 31), S. 45; *Wufka*, a.a.O. (Anm. 31), S. 80. — a. A.: *K. A. Bettermann*, in: DVBl. 1963, S. 39 ff. — Zur Diskussion in der Schweiz vgl. *Riklin*, a.a.O. (Anm. 23a), S. 23 ff.

[93] Vgl. dazu *Beyer*, a.a.O. (Anm. 8), S. 129 ff.; *Maunz / Dürig / Herzog*, a.a.O. (Anm. 7), Art. 19 Abs. III Rdnr. 41; *v. Mutius*, a.a.O. (Anm. 63), Rdnr. 131; *Wenzel*, a.a.O. (Anm. 31), S. 40 ff.

[94] Welche Kategorien von Angestellten der Rundfunkanstalt im einzelnen zu den Trägern des Grundrechts und somit zu den „Rundfunkmitarbeitern" in dem vom Text verwendeten Sinn gezählt werden müssen und welche nicht, braucht hier nicht im Detail dargelegt zu werden. Entscheidend ist eine *rundfunkspezifische Tätigkeit;* Angestellte, die eine Tätigkeit ausüben, die auch außerhalb des Rundfunkbereichs auf funktionell gleiche Art und Weise erbracht wird, scheiden als Träger der Rundfunkfreiheit aus.
Vgl. zu den Trägern der Pressefreiheit *B. Rebe*: Die Träger der Pressefreiheit nach dem Grundgesetz, Berlin 1969, insbesondere die Übersicht einzelner Berufe bzw. Tätigkeitsbereiche auf S. 78 f. — Zur (engeren) Kategorie der „Programmacher" vgl. *Hoffmann*, a.a.O. (Anm. 25), S. 148 ff.

[95] Vgl. *H. Bethge*, in: UFITA Band 58 (1970), S. 133 f.; *ders.*, in: JR 1972, S. 494; *ders.*, in: UFITA Band 69 (1973), S. 145; *Beyer*, a.a.O. (Anm. 8), S. 132; *Fuhr*, a.a.O. (Anm. 92), S. 36; *Herrmann*, a.a.O. (Anm. 28), S. 143 f.; *Hoffmann-Riem*, a.a.O. (Anm. 17), S. 102 ff.; *Ipsen*, a.a.O. (Anm. 27), S. 27 f.; *Maunz / Dürig / Herzog*, a.a.O. (Anm. 7), Art. 5 Rdnr. 210; *T. Oppermann*: Kulturverwaltungsrecht, Tübingen 1969, S. 518 mit Fn. 308; *U. Scheuner*, in: RuF 1955, Heft 4, S. 356; *Starck*, a.a.O. (Anm. 27), S. 12 f.; *Stern / Bethge*, a.a.O. (Anm. 28), S. 59. a. A.: *Wenzel*, a.a.O. (Anm. 31), S. 47 ff., 53 ff., der ausschließlich die Rundfunkanstalt als Träger des Grundrechts des Art. 5 Abs. 1 S. 2 GG ansieht und die „innere Rundfunkfreiheit" (Betätigungsfreiheit bei der Durchführung der den Rundfunkmitarbeitern übertragenen Aufgaben) grundrechtlich auf Art. 5 Abs. 1 S. 1, Art. 5 Abs. 3 und Art. 4 GG stützt. — Für das Schweizer Recht vgl. *Riklin*, a.a.O. (Anm. 23a), S. 134 ff.

nung dahin relativiert, die Rundfunkjournalisten könnten das Grundrecht der Rundfunkfreiheit nur staatlichen Instanzen außerhalb der Rundfunkanstalt, nicht aber der Rundfunkanstalt selbst gegenüber in Anspruch nehmen; ihnen stehe mit anderen Worten Art. 5 Abs. 1 S. 2 GG nur „parallel" zur Rundfunkanstalt zu[96]. Als Begründung wird angegeben, es könne sich beim Grundrecht der Mitarbeiter nicht um ein „Kampfrecht im konträren Verhältnis zur Anstalt selbst"[97] handeln; eine solche Interpretation laufe darauf hinaus, „die Rundfunkanstalten in ein Funktionsbündel widerstreitender Interessen auf(zu)lösen und (zu) paralysieren"[98]. Diese Ansicht ist nur rechts*politischer*, nicht aber normativer Art. Bezeichnenderweise ist mit der gleichen Begründung noch nie das Grundrecht des Hochschullehrers aus Art. 5 Abs. 3 GG gegenüber der Universität, die ihrerseits Träger der Wissenschaftsfreiheit ist, bestritten worden[99]. In der Sache ist die Argumentation gegen ein Grundrecht der Rundfunkjournalisten aus Art. 5 Abs. 1 S. 2 GG gegenüber der Rundfunkanstalt deshalb juristisch unrichtig, weil sie übersieht, daß Art. 5 Abs. 1 S. 2 GG, wie jedes andere Recht, nur in *den* Grenzen wirkt, die sich aus seiner Reichweite und aus der Struktur seines Normbereichs ergeben. Soweit die einzelnen Mitarbeiter durch ihre Berufsausübung an der Rundfunkfreiheit teilhaben, sind sie auch den faktischen Bedingungen unterworfen, unter denen allein hic et nunc die Freiheit des Rundfunks realisiert werden kann. Hieran zeigt sich derselbe Sachverhalt, mit dem die Spezialität des Art. 5 Abs. 1 S. 2 GG gegenüber dessen Satz 1 begründet worden ist: Der Rundfunkmitarbeiter ist im Rundfunk tätig, um *dessen* Funktion erfüllen zu helfen, nicht aber, um *seine* individuelle Entfaltungs- und Meinungsfreiheit mit Hilfe des Rundfunks auszuüben[100]. Sind aber das Grundrecht der Rundfunkanstalt und das des einzelnen Mitarbeiters aus Art. 5 Abs. 1 S. 2 GG funktionell gleichgerichtet, so kann es nicht zu der befürchteten „Paralyse" und „Auflösung" kommen. Dieses Grundrecht gilt hier *gegenüber* der Rundfunkanstalt über-

---

[96] Vgl. *H. Bethge*, in: UFITA Bd. 58 (1970), S. 133 f.; *ders.*, in: JR 1972, S. 494; *ders.*, in: UFITA Bd. 69 (1973), S. 145 ff.; *Ipsen*, a.a.O. (Anm. 27), S. 36 f.

[97] *Bethge*, in: JR 1972, S. 494.

[98] *Bethge*, in: UFITA Bd. 58 (1970), S. 134.

[99] Vgl. z. B. *P. Dallinger*, in: JZ 1971, S. 666; *Hoffmann-Riem*, a.a.O. (Anm. 17), S. 104; *B. Schlink*, in: Der Staat Band 10 (1971), S. 259 f.; *W. Weber*, in: Festschrift für Wilhelm Felgentraeger, Göttingen 1969, S. 256 f. Im Zusammenhang mit den Hochschulreformen, die auf eine verstärkte Beteiligung der Studenten in den Organen der Hochschulselbstverwaltung gerichtet waren, ist geradezu eine „Resubjektivierung" des Art. 5 Abs. 3 GG konstatiert worden, vgl. *I. Richter*: Bildungsverfassungsrecht, Stuttgart 1973, S. 168; *B. Schlink*, in: Der Staat Band 10 (1971), S. 262; *R. Schmidt*, in: Die andere Bildungskatastrophe (Hrsg.: H. Maier, M. Zöller), Köln 1970, S. 150 f. — Undeutlich zu der Parallele zwischen Rundfunkanstalt und Universität: *H. Bethge*, in: UFITA Band 69 (1973), S. 150.

[100] Vgl. oben 2.1.1. mit Fn. 32.

2.2. Art. 5 Abs. 1 Satz 2 GG (Rundfunkfreiheit)

haupt nur insoweit, als sich diese außerhalb des geschützten Freiheitsraums begibt. So ist es exakt, wenn *Hoffmann-Riem* einen Fall, in dem sich das Grundrecht der Rundfunkfreiheit der Mitarbeiter *gegen* die Anstalt richtet, dann annimmt, „wenn diese sich anschickt, den verfassungsrechtlichen Auftrag der Institution Rundfunk zu verletzen, d. h. insbesondere die mediale Funktion zu mißbrauchen oder zu vernachlässigen"[101].

2.2.2. Strukturelemente der Rundfunkfreiheit

Wenn aber die Tätigkeit des Rundfunkmitarbeiters innerhalb des Mediums Rundfunk von Art. 5 Abs. 1 S. 2 GG geschützt wird, entfällt insoweit die „Kollision" des Art. 5 GG „mit sich selbst"[102]. Vielmehr handelt es sich bei der Frage: was *darf* der einzelne Mitarbeiter bei der Programmgestaltung und was *darf* der Dienstvorgesetzte, insbesondere der Intendant, ihm gegenüber anordnen? im wesentlichen um eine Interpretation des Art. 5 Abs. 1 S. 2 GG. Eine solche Interpretation muß, wie jede Normkonkretisierung, die Tatsachen aus dem Normbereich berücksichtigen. Das hat das Bundesverfassungsgericht im ersten Fernsehurteil in treffender Weise getan, als es die faktischen Gegebenheiten im Rundfunk, wie etwa die begrenzte Wellenzahl und die finanziellen Anforderungen des Sendebetriebs, zum Angelpunkt seiner Auslegung des Art. 5 Abs. 1 S. 2 GG gemacht hat[103]. Aus der Monopol-(oder genauer: Oligopol-)Stellung des Rundfunks folgen, wie das Bundesverfassungsgericht konsequent darlegte, bestimmte Anforderungen an die Programmgestaltung: Für den Inhalt des *Gesamtprogramms* sind Leitgrundsätze verbindlich, „die ein Mindestmaß von inhaltlicher Ausgewogenheit, Sachlichkeit und gegenseitiger Achtung gewährleisten"[104]. Diese und andere Normbereichselemente *konstituieren* das Recht der Rundfunkfreiheit; diese ist, mit anderen Worten, überhaupt erst im Umfang des auf solche Weise im einzelnen abzusteckenden Normbereichs gewährleistet. Von einer „Kollision" kann also auch insoweit keine Rede sein. Folgerichtig wirken sich diese und andere Normbereichselemente nur bei der ihnen jeweils zugeordneten Norm, hier also bei der Rundfunkfreiheit des Art. 5 Abs. 1 S. 2 GG, aus. Für sonstige Normen sind sie insoweit irrelevant. *Die Meinungsfreiheit des Rundfunkjournalisten außerhalb des Dienstes kann also nicht durch Aspekte der Rundfunkfreiheit im Sinn einer Kollision von Verfassungsrechten beschränkt werden*[105].

---

[101] *Hoffmann-Riem*, a.a.O. (Anm. 17), S. 105.
[102] Vgl. oben 1.3. mit Fn. 19.
[103] Vgl. BVerfGE 12, 205, 260 ff.; bestätigt durch BVerfGE 31, 314, 325 ff.
[104] BVerfGE 12, 205, 263.
[105] Zu den Möglichkeiten der Einschränkung der Meinungsfreiheit des Rundfunkmitarbeiters außerhalb des Dienstes vgl. unten 3.3.

2. Subjektive Rechte der Rundfunkmitarbeiter

Herausragendes *Normbereichselement* des Art. 5 Abs. 1 S. 2 GG ist die *Funktion des Rundfunks*. Sie ist vom Bundesverfassungsgericht beispielhaft beschrieben worden: „Hörfunk und Fernsehen gehören in gleicher Weise wie die Presse zu den unentbehrlichen Massenkommunikationsmitteln, denen sowohl für die Verbindung zwischen dem Volk und den Staatsorganen wie für deren Kontrolle als auch für die Integration der Gemeinschaft in allen Lebensbereichen eine maßgebende Wirkung zukommt. Sie verschaffen dem Bürger die erforderliche umfassende Information über das Zeitgeschehen und über Entwicklungen im Staatswesen und im gesellschaftlichen Leben. Sie ermöglichen die öffentliche Diskussion und halten sie in Gang, indem sie Kenntnis von den verschiedenen Meinungen vermitteln, dem einzelnen und den verschiedenen gesellschaftlichen Gruppen Gelegenheit geben, meinungsbildend zu wirken, und sie stellen selbst einen entscheidenden Faktor in dem permanenten Prozeß der öffentlichen Meinungs- und Willensbildung dar[106]." Aus der Tatsache, daß die Massenkommunikation letztlich im Dienst der Denk- und Geistesfreiheit des Individuums[107] steht, ergeben sich weitere wichtige Aspekte. Die Folgerungen, die hieraus gezogen werden können, hängen aber weitgehend von den tatsächlichen Gegebenheiten des einzelnen Massenmediums ab. Die Denk- und Geistesfreiheit bedeutet nämlich im wesentlichen, daß beim Adressaten der Massenkommunikation keine „strukturierten Nachrichtendefizite" hervorgerufen werden dürfen. Im Bereich der Presse ist es im Grundsatz so, daß die Vielzahl und die Konkurrenz der Medien die jeweils einzeln hervorgerufenen Nachrichtendefizite kompensieren[108]. Demgegenüber besteht beim Rundfunk ein Informations*oligopol*, an das unter der Norm der Geistesfreiheit gesteigerte Anforderungen zur Vermeidung von Nachrichtendefiziten zu richten sind. Diese Anforderungen können allgemein als „Pflicht zur Objektivität" bezeichnet werden[109]. Sie reichen jedoch nicht so weit wie dort, wo ein Informations*monopol* besteht. In solchen Fällen könnte nämlich der subjektiven Beeinflussung keine Korrektur entgegengesetzt werden; im Ergebnis wäre dort ein strukturiertes Nachrichtendefizit auch gar nicht mehr als solches erkennbar.

---

[106] BVerfGE 35, 202, 222. Ausführlich zur Rundfunkkommunikation in der verfassungsmäßigen Ordnung zuletzt *Herrmann*, a.a.O. (Anm. 28), S. 216 - 257.

[107] Hierzu umfassend H. *Faber:* Innere Geistesfreiheit und subjektive Beeinflussung, Berlin 1968, S. 44 ff., 62 ff.; *Windsheimer*, a.a.O. (Anm. 29), S. 64 ff.

[108] Vgl. BVerfGE 12, 205, 261.

[109] *Faber*, a.a.O. (Anm. 107), S. 86 ff., 148 ff. nennt Wahrheits- und Vollständigkeitspflichten; *Riklin*, a.a.O. (Anm. 23a), S. 92 zählt folgende „durch die Monopolstellung von Radio und Fernsehen bedingte Grundsätze" auf: Objektivität, Nichtidentifikation, Ausgewogenheit, Überparteilichkeit, Unparteilichkeit, Pluralität, Wahrung der Rechtsgleichheit; vgl. auch *Herrmann*, a.a.O. (Anm. 28), S. 250 f., 323 ff.

2.2. Art. 5 Abs. 1 Satz 2 GG (Rundfunkfreiheit)

Bei den Rundfunkanstalten als Informations*oligopolen* ist die Pflicht zur Objektivität je nach der Art der Sendung variabel[110]. Nachrichtensendungen unterliegen einer Wahrheits-, Vollständigkeits- und Sachlichkeitspflicht. Für kommentierende Sendungen gilt das nicht in gleicher Weise. Objektivität wird hier nicht durch die Beachtung dieser Pflichten („reduktiv"), sondern durch die Ausgewogenheit des Programms als Ganzes („additiv") verwirklicht[111]. Je nachdem ist daher auch der Schutzbereich der individuellen Rundfunkfreiheit enger oder weiter abgesteckt.

Das leitet zu einem weiteren Normbereichselement der Rundfunkfreiheit über. Damit im „meinungsbetonten" Bereich des jeweiligen Mediums Ausgewogenheit hergestellt werden kann, muß hierfür ein einzelner oder ein Gremium die Verantwortung tragen und mit den entsprechenden Mitteln zur Durchsetzung dieser Verantwortung ausgestattet sein. Daraus folgen die Programmverantwortung und die Programmgestaltungsbefugnis, die durchweg beim Intendanten liegen. Die Programmgestaltung ist dabei nur ein — allerdings herausragender — Teil der Geschäftsleitung, die ihrerseits neben der den organisatorischen Bereich erfassenden Organisationsgewalt und der auf die Rechtsstellung der Mitarbeiter bezogenen Dienst-(Personal-)Gewalt steht; alle drei Bereiche zusammen ergeben die Befugnisse der Geschäftsführung[112]. In der Verschiedenheit dieser Befugnisse spiegelt sich die Tatsache, daß der Rundfunk unter den heutigen Gegebenheiten notwendig ein hochdifferenzierter Produktionsbetrieb ist. Die hieraus folgenden sachlichen Besonderheiten spielen bei der juristischen Konkretisierung der Rundfunkfreiheit als Normbereichselemente eine wesentliche Rolle. Vom Grundrecht aus ist dabei festzuhalten, daß zwar ein grundsätzlich *hierarchischer* Aufbau der Anstaltsorganisation notwendiges Strukturmerkmal des Normbereichs ist, nicht aber eine *monokratische* Spitze. Vielmehr kann die Verantwortung auf verschiedenen Ebenen jeweils auch von Gremien ausgeübt werden: „Der hierarchische Verwaltungsaufbau der Rundfunkanstalten ist ... nicht im Detail vorgeprägt[113]." *Die Programmgestaltungsbefugnis ist daher auf beide Elemente bezogen: Die Betriebsorganisation gibt ihr die Basis; ihren Maßstab erhält sie von der spezifischen Kommunikationsaufgabe. Dieser Maßstab besagt vor allem, daß*

---

[110] Analog hierzu kann auf die Feststellung von BVerfGE 35, 202, 223 hingewiesen werden, wonach es für die Begrenzung der Rundfunkfreiheit durch das Persönlichkeitsrecht „auf das mit der konkreten Sendung verfolgte Interesse, die Art und Weise der Gestaltung und die erzielte und voraussehbare Wirkung" ankommen kann.

[111] Hierzu noch ausführlich unten 2.2.3.

[112] Vgl. mit Nachweisen *Hoffmann-Riem*, a.a.O. (Anm. 17), S. 43 f.; dazu noch näher unten 2.2.3.4. und 3.3.4. mit Fn. 242.

[113] *Hoffmann-Riem*, a.a.O. (Anm. 17), S. 44; vgl. auch *F. Riklin*, in: Fernsehen: Stichwort Objektivität, Band I der Schriftenreihe der Pressestelle des Fernsehens der deutschen und der rätoromanischen Schweiz, o. O., o. J., S. 45.

2. Subjektive Rechte der Rundfunkmitarbeiter

die Programmgestaltungsbefugnis immer nur zugunsten der Rundfunkfreiheit eingesetzt werden darf; zu Maßnahmen gegenüber den Mitarbeitern als weiteren Trägern dieser Rundfunkfreiheit berechtigt sie also nur dann, wenn diese ihrerseits die Grenzen ihres Freiheitsrechts aus Art. 5 Abs. 1 S. 2 GG überschritten haben.

2.2.3. Insbesondere: die Neutralitätspflicht

Bezüglich der *Neutralitätspflicht* liegen die Dinge verwickelter, als es bei oberflächlicher Betrachtung den Anschein hat. Dieser Begriff enthält *verschiedene normative Gebote*, die inhaltlich aufzufächern, auf ihren Rang als Rechtsquellen hin zu untersuchen und in ihrer jeweiligen normativen Tragweite (Träger, Adressat, Rechtsfolgen) näher zu analysieren sind.

2.2.3.1. *Positiv-rechtliche Bestimmungen*

Eine Durchsicht der Staatsverträge, Rundfunkgesetze und Rundfunksatzungen[114] sowie der veröffentlichten Programmrichtlinien[115] fördert eine ganze Reihe von Geboten zu Tage. Soweit die Vorschriften für die Gestaltung der Sendungen inhaltliche Kriterien enthalten wie: Übereinstimmung mit der freiheitlich-demokratischen Grundordnung, kulturelles Verantwortungsbewußtsein, Rücksichtnahme auf die landsmannschaftliche Gliederung des Sendegebietes usw., können sie hier außer Betracht bleiben[116]. Das, was man gemeinhin unter „Neutralität" des Rundfunks versteht, wird in den positiv-rechtlichen Grundlagen der Rundfunkanstalten als „Überparteilichkeit"[117], „Objektivität"[118], „Ausgewogenheit"[119], „Pflicht zur Wahrheit[120], Sachlichkeit[121] und Vollstän-

---

[114] Vgl. die Textausgaben von *L. Delp:* Das gesamte Recht der Presse, des Buchhandels, des Rundfunks und des Fernsehens, Bd. IV, Leitziffern 439 ff.; *G. Herrmann:* Rundfunkgesetze, Köln, Berlin, Bonn, München 1966; *Lehr / Berg:* Rundfunk und Presse in Deutschland, Mainz 1971.

[115] Vgl. die Richtlinien für die Sendungen des ZDF und die Grundsätze für die Zusammenarbeit im ARD-Gemeinschaftsprogramm „Deutsches Fernsehen"; abgedruckt bei *Fuhr,* a.a.O. (Anm. 92), S. 202 ff.

[116] Dazu näher *Riklin,* a.a.O. (Anm. 23a), S. 90 ff.; *Wenzel,* a.a.O. (Anm. 31), S. 121 ff., 136 ff.

[117] Art. 4 Abs. 2 Nr. 7 Satz 1 und Nr. 9 Satz 2 BR - G; § 23 Satz 2, 1. Halbsatz DW/DLF - G; § 3 Nr. 1 Satz 2 HR - G; § 4 Abs. 2 Satz 2 NDR - StV; § 2 Abs. 2 und Abs. 6 RB - G; § 10 Abs. 1 Satz 2 SR - G; § 3 Abs. 1 Satz 3 SFB - S; § 2 Abs. 2 und Abs. 4 Nr. 5 SDR - S; § 5 Abs. 2 SWF - StV; Art. 5 Abs. 3 Sätze 2 und 3 SWF - S; § 4 Abs. 2 Satz 2 WDR - G; III. 5. ZDF - PR.

[118] Art. 4 Abs. 1 Satz 2 und Abs. 2 Nr. 9 Satz 2 BR - G; § 4 Abs. 1 Satz 5 NDR - StV; § 2 Abs. 4 Nr. 6 SDR - S; Art. 5 Abs. 3 Satz 1, 2. Halbsatz SWF - S; § 4 Abs. 1 Satz 5 WDR - G; § 2 Abs. 1 ZDF - StV; § 3 Abs. 1 ZDF - S.

[119] Nr. 1 Satz 2 ARD - PR; Art. 4 Abs. 2 Nr. 1 BR - G; § 3 Abs. 1 Satz 4 SFB - S; III. 5. ZDF - PR.

[120] Art. 4 Abs. 2 Nr. 9 Satz 1 BR - G; § 24 Abs. 1 Satz 1 DW/DLF - G; § 3 Nr. 4 Satz 1 HR - G; § 2 Abs. 7 Satz 1 RB - G; § 10 Abs. 2 SR - G; § 2 Abs. 4

digkeit"[122] bezeichnet. Bemerkenswerterweise findet sich in keinem Gesetz und in keiner Satzung der Ausdruck „Neutralität".

2.2.3.2. Differenzierungen nach dem Normbereich

Die Richtlinien für die neutrale Programmgestaltung folgen aus Art. 5 Abs. 1 S. 2 GG; genauer: sie sind das Ergebnis einer sachgerechten, den Normbereich einbeziehenden Konkretisierung der Rundfunkfreiheit, wie sie das Bundesverfassungsgericht bisher überzeugend vorgenommen hat[123]. Ob all diese Gebote und Pflichten in den einfach-gesetzlichen Rechtsgrundlagen Konkretisierungen des Art. 5 Abs. 1 S. 2 GG sind, kann hier offen bleiben; zweifelhaft ist es für das Gebot der Sachlichkeit[124]. Je nach beteiligten Grundrechtsträgern (Rundfunkanstalt als solche, Intendant, Redakteur, technischer Mitarbeiter) und betroffenem Grundrechtsobjekt (Art der Sendung) sind andere Normbereichselemente erheblich und kann demgemäß die Interpretation zu einem anderen Ergebnis führen.

Eine wesentliche Unterscheidung, nämlich die zwischen der die *Rundfunkanstalt* als solche und der den einzelnen *Journalisten* treffenden Neutralitätspflicht, klingt auch bei *Fuhr* an. Diese Differenzierung läuft sachlich zum Teil parallel mit der Unterteilung der Sendungen in eine „tatsachenbetonte" und eine „meinungsbetonte Stilform"[125]. Allgemeiner ist hinsichtlich der Objektivität (gleich: Überparteilichkeit, gleich: Neutralität), zu der die Rundfunkanstalten kraft ihres Oligopols im Vorgang der öffentlichen Meinungsbildung verpflichtet sind, die *„reduktive Objektivität"* von der *„additiven Objektivität"* zu scheiden. Bei der Objektivität geht es allgemein darum, in der publizistischen Wiedergabe eine „maßstabsgerechte Verkürzung aller nach der gemeinsamen Wirklichkeitserfahrung und dem gemeinsamen Sinnhorizont relevanten Dimen-

---

Nr. 6 SDR - S; § 5 Abs. 3 Satz 1 SWF - StV; Art. 6 Abs. 1 Satz 1 SWF - S; § 4 Abs. 2 Satz 1 WDR - G; § 3 Abs. 1 Satz 1 ZDF - StV; I. 4. ZDF-PR.

[121] Nr. 1 Satz 2 ARD - PR; Art. 4 Abs. 2 Nr. 9 Satz 1 und Nr. 10 BR - G; § 24 Abs. 1 Satz 1 DW/DLF - G; § 2 Abs. 1 Satz 3, Abs. 7 Satz 1 und Abs. 8 Satz 1 RB - G; § 3 Abs. 1 Satz 1 SFB - S; § 5 Abs. 3 Satz 1 SWF - StV; Art. 5 Abs. 3 Satz 1, 2. Halbsatz und Art. 6 Abs. 1 Satz 1 SWF - S; § 3 Abs. 1 Satz 1 ZDF - StV; I. 4. ZDF - PR.

[122] § 24 Abs. 1 Satz 1 DW/DLF - G; Art. 5 Abs. 3 Satz 1, 2. Halbsatz SWF - S; § 2 Abs. 1 und § 3 Abs. 1 Satz 1 ZDF - StV; § 3 Abs. 1 ZDF - S; III. 4. ZDF - PR.

[123] Soweit die Richtlinien dagegen Grundsätze zur Wahrung und Förderung bestimmter Werte aufstellen, folgen sie durchweg nicht notwendig aus der Rundfunkfreiheit; so richtig *Riklin*, a.a.O. (Anm. 23a), S. 90 ff.

[124] Vgl. *A. Arndt*, in: NJW 1964, S. 1312 f.; *Faber*, a.a.O. (Anm. 107), S. 147 f., 152 f.; *Wenzel*, a.a.O. (Anm. 31), S. 134 ff.; vgl. aber auch *Herrmann*, a.a.O. (Anm. 28), S. 56 ff., 325 f.

[125] Vgl. *E. W. Fuhr*, in: AfP 1975, Heft 1, S. 737; *Herrmann*, a.a.O. (Anm. 28), S. 325 f.

sionen der Realität" herzustellen¹²⁶. *Reduktiv* soll sie in weitestmöglichem Ausschalten des Individuellen, Subjektiven angestrebt werden — *additiv* durch den hintereinandergeschalteten Einsatz von subjektiven oder jedenfalls gruppenspezifischen Standpunkten. Diese beiden Spielarten der Objektivität spiegeln den Unterschied von referierender und engagierender Publizistik; sie sind notwendiger Bestandteil eines der Objektivität verpflichteten Rundfunks in der Demokratie.

Hieraus folgt z. B., daß die Pflicht zur Vollständigkeit und Wahrheit nur den Bereich der reduktiven, nicht aber den Bereich der additiven Objektivität betrifft. Dementsprechend richtet sich die Pflicht zu additiver Objektivität insoweit ausschließlich gegen die Rundfunkanstalten als solche und nicht gegen die einzelnen Mitarbeiter. Diese können von der additiven Gesamtverantwortung gar nicht betroffen werden, da es in diesem Programmbereich geradezu ihre Aufgabe ist, subjektiv zu urteilen und nicht zugleich die Gegenposition mitzuliefern. Dieser Sachverhalt kommt treffend in III. Nr. 5 der Richtlinien für die Sendungen des ZDF¹²⁷ zum Ausdruck: „Die Anstalt ist zur Überparteilichkeit verpflichtet. Die Ausgewogenheit des Gesamtprogramms bedingt jedoch nicht Überparteilichkeit in jeder Einzelsendung." Es kann in diesem Zusammenhang auch § 2 Abs. 4 Nr. 8 SDR-S zitiert werden: „Der ‚Süddeutsche Rundfunk' hat deshalb bei der Veranstaltung seiner Rundfunkdarbietungen folgende Richtlinien zu beachten: ... demokratisch gesinnten Kommentatoren und Vortragenden das Recht zur Kritik an Ungerechtigkeiten, Mißständen oder Unzuträglichkeiten bei Persönlichkeiten oder Amtsstellen der öffentlichen Behörden und der Staatsregierung zu sichern ..." Demgemäß besteht weithin Übereinstimmung darüber, daß auch im Rundfunk prononcierte einseitige Meinungsäußerungen verbreitet werden dürfen¹²⁸. Objektivität verwirklicht sich in diesen Fällen additiv, d. h. durch Ausgewogenheit des Gesamtprogramms. In diesem Sinn normiert § 3 Abs. 1 S. 4 SFB-S: „Darüber hinaus muß die Gesamtheit der Sendungen der einzelnen Programmsparten des Hörfunks und des Fernsehens diesen Grundsätzen entsprechend inhaltlich ausgewogen

---

¹²⁶ Vgl. *U. Saxer*, in: Zur Theorie der politischen Kommunikation (Hrsg.: W. R. Langenbucher), München 1974, S. 211.

¹²⁷ Abgedruckt bei *Delp*, a.a.O. (Anm. 117), Leitziffer 440c; *Fuhr*, a.a.O. (Anm. 92), S. 202 f. Vgl. zu diesen Richtlinien des ZDF auch *R. Engel:* Die Möglichkeiten des Bundes zur Beeinflussung der politischen Programmgestaltung von Rundfunk und Fernsehen nach deutschem und schweizerischem Recht, Jur. Diss. Freiburg/Schweiz 1971, S. 93 ff.

¹²⁸ Vgl. *v. Bismarck*, a.a.O. (Anm. 4), S. 8; *G. Herrmann*, in: FUNK-Korrespondenz Nr. 29 vom 16. 7. 1975, S. D 6; *ders.*, a.a.O. (Anm. 28), S. 326; *Hoffmann-Riem*, a.a.O. (Anm. 17), S. 111; *G. B. Krause-Ablass*, in: RuF 1962, S. 118; *Riklin*, a.a.O. (Anm. 23a), S. 94; *ders.*, a.a.O. (Anm. 113), S. 39; *A. Seeling*, in: Probleme der Binnenstruktur der öffentlich-rechtlichen Rundfunkanstalten, München 1974, S. 11; *D. Stolte*, in: Die neue Ordnung 1975, S. 183 ff. — a. A. *H. H. Klein*, in: Deutschland-Union-Dienst Nr. 158/75, S. 3 ff.

sein." Mit Recht ist in diesem Zusammenhang auf die Einsicht hingewiesen worden, daß kein einzelner je im Besitz der ganzen Wahrheit ist: „Die unvermeidliche Perspektivität jeder publizistischen Aussage soll ... dadurch überwunden werden, daß alle erdenklichen oder immerhin wichtigen Perspektiven ausgewiesen werden und auf diese Weise so etwas wie ein überindividuelles Gesamtbild der Realität zustande kommt[129]."

Im übrigen darf bei allem (notwendigen) Bemühen um eine juristisch präzise Fassung des Begriffs der Objektivität (sowie der Synonyma und Unterbegriffe von „Objektivität") nicht übersehen werden, daß diesem Bemühen sachliche Grenzen gesteckt sind. Sie liegen in der Unsicherheit der (wissenschaftlichen) Erfassung und in der Komplexität dieses Sachbereichs begründet. Die wissenschaftliche Erfassung des Objektivitätspostulats führt sogleich auf Grundprobleme der Wissenssoziologie und Wissenschaftstheorie, über die ein Konsens nicht erkennbar ist. Dementsprechend finden sich auch zur Frage der Wünschbarkeit und Möglichkeit publizistischer Objektivität ganz konträre Auffassungen. Sie reichen von der vorbehaltlosen Bejahung bis hin zur entschiedenen Verneinung[130]. Aber auch bei grundsätzlichem Anerkennen der Möglichkeit, d. h. Realisierbarkeit von Objektivität — über ihre Wünschbarkeit braucht hier nicht gerechtet werden, da sie, wie gezeigt wurde, *normativ* aufgegeben ist —, kann allenfalls von einer „*relativen* Praktikabilität der Objektivitätsnorm" die Rede sein. Dies ergibt sich zum einen daraus, daß die Objektivitätsleistung von Menschen erbracht werden muß, die von ihrer eigenen Subjektivität nicht vollständig abstrahieren können. Hauptleistung der Medien ist die Reduktion von Komplexität; der Vorgang der Umsetzung von ohnehin schon selektiv Wahrgenommenem setzt notwendig Interpretations-, Auswahl- und Präsentationsakte, und damit Eingriffe von Subjektivität, voraus[131]. Zum andern ergibt sich die bloß relative Praktikabilität der Objektivität daraus, daß sie nicht nur von den Journalisten selber, sondern auch vom Publikum und von den Publizierten abhängt. Ähnlich wie die über die Wahrheit einer wissenschaftlichen Aussage entscheidende Instanz die Anerkennung durch andere Wissenschaftler ist, entscheidet über die Objektivität einer publizistischen Darstellung auch das Publikum. Publizistische Objektivität gründet danach in einem „Konsens, gewisse Typen von publizistischem Angebot aufgrund ähnlicher kognitiver Strukturierung aller am Massen-

---

[129] *U. Saxer*, in: Fernsehen: Stichwort Objektivität, Band I der Schriftenreihe der Pressestelle des Fernsehens der deutschen und der rätoromanischen Schweiz, o. O., o. J., S. 123.

[130] Vgl. dazu *Saxer*, a.a.O. (Anm. 126), S. 207 ff.; ders., a.a.O. (Anm. 129), S. 9 ff.

[131] Vgl. die anschaulichen Beiträge in: Fernsehen: Stichwort Objektivität, Band I der Schriftenreihe der Pressestelle des Fernsehens der deutschen und der rätoromanischen Schweiz, o. O., o. J., S. 47 ff., 56 ff., 65 ff.

kommunikationsprozeß Beteiligten als unverzerrte Spiegelung der Ereigniswelt, des Meinungsspektrums usw. gelten zu lassen und andere nicht"[132]. Schließlich können auch die Publizierten durch ständig verschleiernde oder beschönigende Selbstdarstellungen maßgeblich zur Relativität der Objektivität beitragen. Wenn es nach alldem also gar nicht gelingen *kann*, das Vorliegen oder Fehlen von Objektivität in jedem Einzelfall klar festzustellen, folgt daraus, daß man „den Publizisten einen beträchtlichen Ermessensspielraum hinsichtlich dessen, was als objektiv gelten kann, offenlassen muß"[133].

2.2.3.3. Zum Umfang der individuellen Rundfunkfreiheit

Der Umfang der individuellen Rundfunkfreiheit des einzelnen Journalisten ist also wesentlich von der Art der Sendung, an der er mitarbeitet, bestimmt. Ohne Rücksicht auf noch weitere mögliche Zwischenformen können die Produktionen jedenfalls in Nachrichten- und in Kommentarsendungen eingeteilt werden: Im ersten Bereich übt der Mitarbeiter seine publizistische Aufgabe, z. B. die Auswahl, das Aufbereiten und Abfassen von Nachrichten, unter den speziellen Beschränkungen der „reduktiven" Objektivitätspflicht (besonders der Vollständigkeits-, Wahrheits- und Sachlichkeitspflicht) aus. Im zweiten Bereich geht die individuelle Rundfunkfreiheit erheblich weiter. Der reine Kommentar unterliegt den genannten Pflichten nicht. Wohl aber bleibt der Gebrauch der Rundfunkfreiheit auch hier den besonderen Aufgaben und Funktionsbedingungen des Rundfunks verhaftet. Der Kommentator hat die Aufgabe, einen *eigenen* Beitrag zur Bildung der *öffentlichen* Meinung zu leisten; er kann sich folgerichtig *dann* nicht mehr auf die Rundfunkfreiheit berufen, wenn er die publizistische Macht für andere, vor allem für persönliche Zwecke mißbraucht. *Art. 5 Abs. 1 S. 2 GG knüpft an die „Rolle" des Rundfunkmitarbeiters je nach Art der Sendung an; die grundrechtliche Gewährleistung versagt dann, wenn der Inhaber „aus der Rolle fällt".*

Beispiele für solches Verhalten sind beliebig vorstellbar; sie reichen von dem Extremfall, daß ein Kommentator offen zur Wahl irgendeiner Partei auffordert, bis hin zu dem subtileren Fall, daß ein Sprecher die Nachrichten über eine bestimmte Partei nachweisbar anders (z. B. effektvoller, publikumswirksamer) präsentiert als diejenigen über andere Parteien.

Der Schutz durch das Grundrecht entfällt natürlich nicht nur dann, wenn der Rundfunkmitarbeiter „aus der Rolle" fällt, sondern schon dann, wenn er *seine Rolle* gar *nicht einnimmt*. Das ist der Fall, wenn ein Rundfunkmitarbeiter nicht im Rahmen der Diensterfüllung für die Rund-

---

[132] *Saxer*, a.a.O. (Anm. 126), S. 212.
[133] So *Saxer*, a.a.O. (Anm. 126), S. 219.

2.2. Art. 5 Abs. 1 Satz 2 GG (Rundfunkfreiheit)

funkanstalt im Fernsehen oder Hörfunk erscheint, sondern z. B. im Rahmen der Werbesendung einer Partei oder als Gegenstand der Berichterstattung durch die Rundfunkanstalt[134]. Wenn ein solches Auftreten vom Intendanten unterbunden wird, dann ist das nicht etwa damit zu rechtfertigen, daß hier „die Neutralitätspflicht schwerer wiege" oder daß „das Grundrecht zurückzutreten habe"; sondern allein damit, daß hier das Grundrecht *gar nicht so weit reicht,* weil der Rundfunkmitarbeiter auf ein *solches* Verhalten vom Grundgesetz kein (spezifisches = inhaltlich einschlägiges) Grundrecht eingeräumt bekommen hat[135]; weil entsprechende Maßnahmen des Intendanten also insoweit im „grundrechtsneutralen (-freien) Raum" ergehen, als sich der Mitarbeiter hier weder auf Art. 5 Abs. 1 Satz 2 GG noch auf ein sonstiges inhaltlich spezifisches Grundrecht berufen kann. Nach herrschender Meinung in Judikatur und Lehre ist er auf den im Ergebnis schwächeren Schutz des zur Generalklausel entleerten Art. 2 Abs. 1 GG beschränkt.

2.2.3.4. Die Programmgestaltungsbefugnis des Intendanten

Das Organ, das im Bereich der Programmgestaltung für die Rundfunkanstalt handelt, ist der Intendant. Er hat nach allen Rundfunkgesetzen die Programmverantwortung und die Programmgestaltungsbefugnis. In den meisten Rundfunkgesetzen und -satzungen ist die Programmgestaltungsbefugnis ausdrücklich genannt[136]; in den übrigen Fällen ergibt sie sich daraus, daß der Intendant die Rundfunkanstalt leitet[137]. Die Leitungsaufgabe umfaßt das Führen sämtlicher Geschäfte und damit auch das Gestalten des Programms[138].

Hierbei sind jedoch die folgenden Kompetenzen anderer Rundfunkorgane zu beachten: In den meisten Anstalten unterliegt der Intendant bei der Programmgestaltung der Überwachung durch den Rundfunkrat[139], den Fernsehrat[140] oder den Verwaltungsrat[141]. Dieses Aufsichts-

---

[134] Vgl. die entsprechenden Fallgruppen oben 1.4.

[135] Vgl. hierzu *Müller,* a.a.O. (Anm. 82), passim.

[136] Art. 12 Abs. 2 BR - G; Art. 7 BR - S; § 13 Abs. 2 Satz 1 DW/DLF - G; § 13 Abs. 1 Satz 1 DLF - S; § 16 Abs. 3 Satz 2 HR - G; § 13 Abs. 3 RB - G; § 27 Abs. 1 Satz 2 SR - G; § 11 Abs. 1 Satz 1 SFB - S; § 8 Abs. 4 und 5 SDR - S; §§ 20 Abs. 1 Satz 2, 22 Abs. 1 ZDF - StV; § 17 Abs. 2 ZDF - S.

[137] § 17 Abs. 1 NDR - StV; Art. 33 NDR - S; § 14 Abs. 1 Satz 1 SWF - StV; Art. 23 Abs. 1 Satz 1 SWF - S; § 21 Abs. 1 WDR - G; § 26 Abs. 1 Satz 1 WDR - S.

[138] Einhellige Auffassung: *Hoffmann-Riem,* a.a.O. (Anm. 17), S. 43 f.; *K. P. Jank:* Die Rundfunkanstalten der Länder und des Bundes, Berlin 1967, S. 81 ff., 93 ff.; *Stern / Bethge,* a.a.O. (Anm. 28), S. 28 f.; *Wenzel,* a.a.O. (Anm. 31), S. 9 f., 46 ff.

[139] Art. 7 Abs. 3 Nr. 8 BR - G; § 9 Abs. 2 DW/DLF - G; § 9 Nr. 2 HR - G; § 6 Nr. 3 RB - G; § 15 Abs. 2 Satz 1 SR - G; § 7 Abs. 1c SFB - S; § 5c und d SDR - S; § 9 Abs. 1 Satz 2 SWF - StV.

[140] § 13 Abs. 1 Satz 2 ZDF - StV.

2. Subjektive Rechte der Rundfunkmitarbeiter

recht soll sicherstellen, daß der Intendant die ihm durch Gesetz und Satzung gestellten Aufgaben erfüllt, vor allem, daß die dort niedergelegten Programmgrundsätze beachtet werden. In manchen Anstalten kommt zu diesem Aufsichtsrecht noch die Befugnis anderer Rundfunkorgane hinzu, Programmrichtlinien aufzustellen, an die der Intendant gebunden ist[142]. Grundsätzlich umfassen diese Aufsichtsrechte jedoch nur eine Kontrolle der Rechtmäßigkeit, nicht auch der Zweckmäßigkeit des Handelns des Intendanten[143]. In diesem Rahmen können nach ausdrücklicher Regelung in einigen Rundfunkgesetzen allerdings auch Einzelweisungen ausgesprochen werden[144]. Diese Kompetenzen anderer Rundfunkorgane ändern aber nichts daran, daß der Intendant auf der Grundlage von Rundfunkgesetz und -satzung (sowie — in einigen Anstalten — der Programmrichtlinien) eigenverantwortlich das Programm gestaltet.

Auch durch die Existenz von leitenden Angestellten in den Rundfunkanstalten ändert sich nichts an der Programmgestaltungsbefugnis des Intendanten. In verschiedenen rundfunkrechtlichen Regelungen werden z. B. die Programmdirektoren von Hörfunk und Fernsehen, der Verwaltungsdirektor, der technische Direktor, der Chefredakteur und der Justitiar genannt[145]. In § 15 Abs. 2 DLF-S werden „die Leiter der Hauptabteilungen, Abteilungen, Funkhäuser und Studios" als „leitende Angestellte" bezeichnet[146]. Ihnen sind durchweg keine originären, d. h. rechtsnormativen Kompetenzen zugewiesen. Eine Ausnahme macht hier Art. 30 SWF-S, der die „Aufgabenkreise" der Programmdirektoren, des technischen Direktors, des Verwaltungsdirektors und des Justitiars festlegt, z. B. in Abs. 1: „Der Aufgabenkreis der Programmdirektoren umfaßt die Aufstellung und Durchführung aller Programme ihrer Direktionsbereiche." Der Umfang dieses Aufgabenkreises wird sodann in Art. 31 näher umrissen; dessen Abs. 1 lautet: „Die Direktoren und der Justitiar verwalten ihren Geschäftsbereich nach den vom Intendanten gegebenen Richtlinien und Weisungen. In ihrem Geschäftsbereich vertreten die Direktoren und der Justitiar ständig den Intendanten. Sie zeichnen in

---

[141] § 11 Abs. 4 DW/DLF - G; § 14 Abs. 3 Satz 1 NDR - StV; Art. 19 Abs. 1 Satz 2 SWF - S; § 14 Abs. 4 Satz 1 WDR - G; § 16 Abs. 2 ZDF - StV.

[142] § 9 Abs. 2 DW/DLF - G; § 13 Abs. 1 Satz 1 ZDF - StV.

[143] Vgl. *Baumgarten*, a.a.O. (Anm. 65), S. 34; *Hoffmann-Riem*, a.a.O. (Anm. 17), S. 44; *Jank*, a.a.O. (Anm. 138), S. 82, 83, 86, 87, 89, 90 mit Fn. 374; *Stern / Bethge*, a.a.O. (Anm. 28), S. 33.

[144] § 14 Abs. 3 Satz 2 NDR - StV; § 14 Abs. 4 Satz 2 WDR - G. Zur Rechtslage im Bereich der anderen Anstalten vgl. einerseits *Jank*, a.a.O. (Anm. 138), S. 94 f.; andererseits *Stern / Bethge*, a.a.O. (Anm. 28), S. 32 f.

[145] Vgl. Art. 12 Abs. 4 BR - G; § 16 Abs. 2a HR - G; § 11 Abs. 3 und 4 SFB - S; § 20 Abs. 2 ZDF - StV.

[146] Ähnlich: Art. 12 Abs. 1 DW - S; Art. 34 Abs. 1 NDR - S; § 26 Abs. 3 WDR - S.

diesem Rahmen in Vertretung der Anstalt[147]." Auch ohne daß diesen oder anderen Angestellten der Rundfunkanstalten originäre (gesetzliche) Kompetenzen eingeräumt sind, kann der Intendant kraft seiner Organisationsgewalt Aufgaben an diese übertragen. Er ist hierbei jedoch an die Grenzen gebunden, die sich aus der anstaltsinternen (gegenüber den anderen Rundfunkorganen) und anstaltsexternen (gegenüber Dritten) Verantwortlichkeit des Intendanten ergeben. Daher kann der Intendant z. B. keinesfalls auf Weisungs- und Rückhol(Retrakt)rechte verzichten[148].

Die Programmgestaltungsbefugnis dient der Aufgabe der Rundfunkanstalten, einen dem Rundfunk gemäßen Beitrag zur Bildung der öffentlichen Meinung zu leisten[149]. Die Programmgestaltungsbefugnis ist daher inhaltlich von Art. 5 Abs. 1 S. 2 GG bestimmt; die genannten Konkretisierungen der Rundfunkfreiheit gelten auch für die Programmgestaltungsbefugnis des Intendanten. Hierauf gestützt, darf dieser z. B. in die Herstellung einer offenkundig unvollständigen Nachrichtensendung eingreifen und sie notfalls sogar vom Programm absetzen. Dagegen darf er dasselbe gegenüber einer Kommentarsendung nicht tun. Bei dieser Art von Sendungen beschränkt sich seine Programmgestaltungsbefugnis darauf, *insgesamt* für Ausgewogenheit zu sorgen. Er muß etwa darauf bedacht sein, daß nicht alle von seiner Anstalt produzierten politischen Magazine eine einheitliche Grundtendenz haben; der Kreis der Kommentatoren muß von ihm für die unterschiedlichen politischen Richtungen offen gehalten werden und ähnliches mehr.

Damit sind die Befugnisse des Intendanten aus der Programmgestaltungsbefugnis abschließend umschrieben. Zu anderweitigen, normativ nicht von Art. 5 Abs. 1 S. 2 GG gedeckten Eingriffen, besonders also zu Maßnahmen, die nicht durch einen Verstoß gegen die genannten Pflichten der Vollständigkeit usw. veranlaßt sind, berechtigt die Programmgestaltungsbefugnis nicht. *Die Neutralitätspflicht kann die Handlungsfreiheit des einzelnen Journalisten solange nicht einschränken, als dieser die einzelnen Anforderungen eben dieser Verpflichtung einhält. Das aber tut ein Rundfunkjournalist, der nur in der Freizeit einer Partei oder*

---

[147] Vgl. auch § 15 Abs. 4 DLF - S: „Die leitenden Angestellten verwalten ihre Geschäftsbereiche nach den vom Intendanten gegebenen Richtlinien und Weisungen."
[148] Vgl. hierzu näher *Hoffmann-Riem*, a.a.O. (Anm. 17), S. 45 ff.; *Stern / Bethge*, a.a.O. (Anm. 28), S. 55 ff.; *K. Vogel*, in: Hamburger Festschrift für Friedrich Schack, Hamburg 1966, S. 183 ff.
[149] Zu den hieraus abzuleitenden einzelnen Befugnissen vgl. etwa den Konkretisierungsversuch bei *Wenzel*, a.a.O. (Anm. 31), S. 49 ff.; er bezeichnet die Befugnisse des Intendanten als „Rahmenkompetenz", die dort ihre Schranke finde, wo es um „den Inhalt und das ‚Wie'" eines einzelnen Beitrags gehe; vgl. aber auch *F. Mai*, in: Probleme der Binnenstruktur der öffentlich-rechtlichen Rundfunkanstalten, München 1974, S. 33 f.; gegen ihn: *M. Stock*, in: ZevKR Band 20 (1975), S. 290 Fn. 114.

Wählerinitiative unentgeltliche Wahlhilfe gewährt. Anders liegt — um dies nochmals hervorzuheben — der Fall, daß der Rundfunkjournalist *bei seiner Arbeit* die aus Art. 5 Abs. 1 S. 2 GG abzuleitenden Anforderungen nicht erfüllt und *in den Sendungen inhaltlich* einseitig beeinflussend oder manipulierend vorgeht. Daher ist auch gegen Art. 4 Abs. 2 Ziff. 7 BR-G verfassungsrechtlich nichts einzuwenden: „Die Angestellten des Bayerischen Rundfunks dürfen bei der Programmgestaltung weder einseitig einer politischen Partei oder Gruppe noch Sonderinteressen, seien sie wirtschaftlicher oder persönlicher Art, dienen." Entscheidend ist, daß dies *bei der Programmgestaltung* gilt. Zumindest in ihrer Freizeit dürfen Rundfunkmitarbeiter sehr wohl einer Partei dienen.

Nach der Rechtsprechung des Bundesverfassungsgerichts, nach der die Parteien im Wahlkampf ihre vornehmliche Aufgabe erfüllen[150], kann die (private) parteipolitische Betätigung eines einzelnen im Wahlkampf keinesfalls eine geringere, eher noch eine erhöhte Vermutung der Rechtmäßigkeit für sich in Anspruch nehmen. Darüber hinaus enthält die Neutralitätspflicht keinen normativen Anhaltspunkt dafür, daß sie in Zeiten des Wahlkampfs in andrer Weise zum Tragen kommt als in „normalen" Zeiten. Es mag sein, daß die Öffentlichkeit während des Wahlkampfs stärker „sensibilisiert" ist (richtiger ist wohl, daß dies in erster Linie auf die Parteien zutrifft). In bezug auf die Neutralitätspflicht ist das aber nur ein *faktischer*, rechtlich irrelevanter Gesichtspunkt: „Das Programm bzw. die Rundfunkanstalt muß während dieser Zeit nicht ‚neutraler' sein als sonst[151]."

Zusammenfassend kann das Verhältnis zwischen individueller Rundfunkfreiheit der Mitarbeiter und der Programmgestaltungsbefugnis des Intendanten also wie folgt gekennzeichnet werden: *Dem Inhalt des Art. 5 Abs. 1 S. 2 GG als Individualgrundrecht der Rundfunkmitarbeiter entspricht die Programmgestaltungsbefugnis des Intendanten; sie hat die Einhaltung des Grundrechts zu garantieren, d. h. auch: zu überwachen; nicht aber darf sie das Grundrecht verkürzen*[152].

2.2.3.5. Parallele aus dem geltenden Recht

Aufschlußreich ist ein Blick auf eine weitere Neutralitätsnorm unserer Verfassungsordnung: das *Gebot religiös-weltanschaulicher Neutralität* des Staates (Art. 137 Abs. 1 WRV/140 GG i. V. m. Art. 4 Abs. 1 GG). An diese staatskirchenrechtliche Vorschrift sind die Rundfunkanstalten als

---

[150] Vgl. BVerfGE 20, 56, 101.

[151] *Grossmann*, a.a.O. (Anm. 15), S. III.

[152] Vgl. auch *Beyer*, a.a.O. (Anm. 8), S. 189, 197, 201 f., 223, 225 ff., 234 f., 237. — Zur Programmgestaltungsbefugnis des Intendanten gegenüber kirchlichen Sendungen vgl. *M. Stock*, in: ZevKR Band 20 (1975), S. 265 f., 270 f.

Anstalten des öffentlichen Rechts übrigens in gleicher Weise gebunden. Beide Normen haben wichtige Gemeinsamkeiten:

(a) Die *Ausgangslage* ist entsprechend; auch im Staatskirchenrecht stehen staatliche Institutionen und staatliches Handeln vor der gesellschaftlichen Tatsache einer Mehrheit von Gruppen mit verschiedenen bzw. kontroversen Standpunkten und Zielen. Auch hier sind diese Positionen im einzelnen wie auch ihre Konkurrenz und das Austragen ihrer Konflikte durch die Garantien einer freiheitlichen Verfassungsordnung und besonders durch Grundrechte geschützt (religiös-weltanschauliche Freiheiten und Konflikte analog den politischen Konflikten auf der Basis von Freiheitsrechten).

(b) Die *Doppelstruktur* der Neutralitätsnorm: Auch die religiös-weltanschauliche Neutralität kennt zwei Varianten analog zur reduktiven und additiven Objektivität, die den Rundfunkanstalten zusätzlich abverlangt wird und die für die vorliegende Untersuchung zentral ist. Religiös-weltanschauliche Neutralität wirkt zum einen als *distanzierende* i. S. der Nichtidentifikation: Der Staat ergreift in Wahrheitsfragen nicht selbst unmittelbar Partei. Zum andern entfaltet sie sich als *übergreifende* Neutralität: Rechtsordnung und Institutionen des Staates gewährleisten, daß sich die verschiedenen Standpunkte frei entfalten und miteinander messen dürfen. Die besprochene und hier noch weiter zu erörternde *additive Objektivität* ist dieser *übergreifenden Neutralität* vergleichbar, die als Gebot staatlicher Gesamtverantwortung ausgerichtet ist „auf Verbürgung freier Entfaltung"[153] der verschiedenen gegensätzlichen Positionen nebeneinander unter den Freiheitsgarantien der Verfassung. Die *distanzierende Neutralität* hat gewisse Gemeinsamkeiten mit der *reduktiven Objektivität*, an die sich die Rundfunkanstalten in anderem Zusammenhang zu halten haben.

Hier wie dort richtet sich die Frage, ob die eine oder andere Variante der Neutralitätsgebote zum Zug kommt, nach der jeweils in Frage stehenden tatsächlichen Struktur des *Normbereichs:* für die Fragen politischer Objektivität des Rundfunks nach der Natur der Sendung als berichtend oder kommentierend; für die religiös-weltanschauliche Neutralität des Staates nach der Unterscheidung gesellschaftlicher von ursprünglich staatlichen Aufgaben[154].

(c) Schließlich kann „Neutralität" nach im Staatskirchenrecht vorherrschender Lehre und Praxis auch dort nicht mit staatlicher Interesselosigkeit verwechselt werden, bedeutet sie auch dort nicht inhaltslose Indifferenz[155].

---
[153] Dazu näher: *E.-W. Böckenförde,* in: ZevKR Band 20 (1975), S. 119 ff., 130 ff., 134.
[154] *E.-W. Böckenförde,* in: ZevKR Band 20 (1975), S. 131 ff.
[155] Zum Neutralitätsgebot vgl. aus der Judikatur BVerfGE 10, 59, 85; 12,

2. Subjektive Rechte der Rundfunkmitarbeiter

2.3. Sonstige Verfassungsrechte

2.3.1. Art. 12 Abs. 1 GG

Die Rundfunkmitarbeiter können sich ferner auf *Art. 12 Abs. 1 GG* berufen. Rundfunkjournalist (-redakteur, -reporter usw.) ist ohne Frage ein Beruf, dessen Wahl und dessen Ausübung frei sind. Allerdings ist noch das Verhältnis von Art. 12 Abs. 1 zu Art. 5 Abs. 1 S. 2 GG zu prüfen. Die Antworten, die auf diese Frage in der juristischen Literatur gegeben werden, sind fast ausschließlich auf den Fall fixiert, daß ein privater Unternehmer unter Rückgriff auf die Berufsfreiheit einen Rundfunksender betreiben möchte[156]. Einige der angebotenen Lösungsmöglichkeiten lauten: Gesetzeskonkurrenz[157]; Art. 5 Abs. 1 S. 2 GG als Ausfüllung des Regelungsvorbehalts des Art. 12 Abs. 1 S. 2 GG[158]; völliges Zurücktreten des Art. 12 hinter Art. 5[159]. Nun können aber Grundrechtskonkurrenzen und -kollisionen nicht mit einer allgemeinen Formel, nicht einmal pauschal für die jeweils beteiligten Grundrechte gelöst, sondern nur entsprechend den jeweils relevanten Normbereichselementen von Fall zu Fall entschieden werden. Zu diesem Zweck sind die Grenzen der Tatbestände der möglicherweise einschlägigen Grundrechte genau zu bestimmen[159a].

Der Fall des seinen Beruf ausübenden Rundfunkmitarbeiters[160] liegt allerdings verhältnismäßig einfach. Der Schutzbereich des Art. 5 Abs. 1 S. 2 GG wurde oben von der Ausübung der beruflichen Funktion des Rundfunkmitarbeiters her inhaltlich definiert. Dieses Grundrecht steht dem Mitarbeiter nicht in seiner Rolle als „Person", sondern in seiner Rolle als „Aufgabenwalter" zu[161]. Diese Art der Berufsausübung ist im

---

1, 4; 19, 206, 216; 27, 195, 201. — Aus der Literatur z. B. *Hesse*, a.a.O. (Anm. 20), S. 4, 65, 158; *K. Schlaich:* Neutralität als verfassungsrechtliches Prinzip, Tübingen 1972, z. B. S. 129 ff., 236 ff.; grundsätzlich auch *U. Scheuner*, in: Handbuch des Staatskirchenrechts der Bundesrepublik Deutschland (Hrsg.: E. Friesenhahn, U. Scheuner), 1. Band, Berlin 1974, S. 5 ff., 61 ff., 63 ff. mit weiteren Nachweisen; vgl. auch *P. Mikat*, ebd., S. 107 ff., 123 f.

[156] Vgl. *Lerche*, a.a.O. (Anm. 28), S. 75 ff.; *Rudolf*, a.a.O. (Anm. 27), S. 23 f.; *Stern / Bethge:* Öffentlich-rechtlicher und privatrechtlicher Rundfunk, Frankfurt am Main, Berlin 1971, S. 96 ff.; *W. Weber*, in: Der Staat Band 11 (1972), S. 82 ff.; zusammenfassend zur „Rundfunkunternehmerfreiheit" zuletzt *Herrmann*, a.a.O. (Anm. 28), S. 117 - 142.

[157] Maunz / Dürig / Herzog, a.a.O. (Anm. 7), Art. 5 Rdnr. 142.

[158] *Stern / Bethge*, a.a.O. (Anm. 156), S. 104.

[159] Vgl. die Nachweise bei *Stern / Bethge*, a.a.O. (Anm. 156), S. 96 Fn. 176.

[159a] Grundsätzlich anders, wie gesagt (vgl. oben Anm. 31), *Herrmann*, der in undifferenzierter Weise Grundrechtsgewährleistungen und Grundrechtsschranken kumuliert.

[160] Vgl. zu diesem Begriff oben 2.2.1. mit Fn. 94.

[161] So die Terminologie von *Hoffmann-Riem*, a.a.O. (Anm. 17), S. 94 Fn. 16, S. 105 f.

2.3. Sonstige Verfassungsrechte

Grundgesetz speziell, d. h. in Anknüpfung an besondere Merkmale, geregelt worden. Soweit daher von Art. 5 Abs. 1 S. 2 GG Abweichungen gegenüber sonstiger Berufsausübung normativ gefordert werden, verdrängt er den Art. 12 Abs. 1 GG. Soweit sich dagegen Art. 5 Abs. 1 S. 2 GG normativ nicht auf die Berufsausübung auswirkt, ist diese allein von Art. 12 Abs. 1 GG geschützt. Zwischen den beiden Normen besteht daher für die hier betrachtete Fallgestaltung das gleiche Verhältnis wie zwischen der allgemeinen Handlungsfreiheit des Art. 2 Abs. 1 GG und den anderen Grundrechtsgarantien: Art. 2 Abs. 1 GG wird nur dann verdrängt, wenn eine Verletzung des Art. 2 Abs. 1 und der anderen Grundrechtsnorm *unter demselben sachlichen Gesichtspunkt* in Betracht kommt; nicht jedoch dann, wenn Art. 2 Abs. 1 GG unter einem Aspekt verletzt ist, der nicht in den Bereich der speziellen Grundrechtsnorm fällt[162]. Der sachliche Gesichtspunkt, der die Spezialität des Art. 5 Abs. 1 S. 2 gegenüber Art. 12 Abs. 1 GG begründet, ist die Mitwirkung an der Aufgabe des Rundfunks, also die *kommunikationsspezifische* Tätigkeit. Außerhalb dieser Tätigkeit ist die Berufsausübung des Rundfunkmitarbeiters insoweit nur von Art. 12 Abs. 1 GG geschützt[162a]. Als allgemeines Abgrenzungskriterium zwischen der kommunikationsspezifischen und der unspezifischen Tätigkeit kann gelten, ob eine bestimmte Tätigkeit wegen und in bezug auf die Funktion des Rundfunks Besonderheiten aufweist, oder ob sie auch außerhalb des Rundfunkbereichs auf funktionell gleiche Art und Weise erbracht werden müßte.

Die inhaltliche Umschreibung des Geltungsbereichs der verschiedenen Grundrechte wirkt sich vor allem auf die Beschränkbarkeit der grundrechtlichen Gewährleistungen durch den (einfachen) Gesetzgeber aus. Die Grundrechte sind mit verschiedenen Einschränkungsmöglichkeiten ausgestattet[163]. Die Spezialität eines Grundrechts gegenüber einem anderen gilt auch für die Beschränkbarkeit: Anwendbar sind nur die Schranken des speziellen Grundrechts. Das bedeutet für die vorliegende Problematik, daß hinsichtlich der Normen, die den Rundfunkmitarbeitern Schranken setzen, zwischen der kommunikationsspezifischen und der unspezifischen Tätigkeit unterschieden werden muß. Die Geschäftsführungsbefugnis des Intendanten umfaßt auch das (arbeitsrechtliche) Direktionsrecht des Arbeitgebers. Allerdings ist dabei die Programmgestaltungsbefugnis von den nicht das Programm betreffenden Geschäftsleitungs- und Organisationsbefugnissen zu unterscheiden[164]. Erstere bezieht sich auf die kommunikationsspezifische Tätigkeit und ist insoweit

---

[162] Vgl. BVerfGE 19, 206, 225, dazu *F. Müller:* Normbereiche von Einzelgrundrechten in der Rechtsprechung des Bundesverfassungsgerichts, Berlin 1968, S. 13 ff.
[162a] Insofern übereinstimmend: *Herrmann,* a.a.O. (Anm. 28), S. 113.
[163] Vgl. dazu noch näher unten 3.1. mit Fn. 210.
[164] Vgl. oben 2.2.2. mit Fn. 112 sowie 2.2.3.4.

speziell gegenüber den anderen Befugnissen. Die Programmgestaltungsbefugnis ist in dem beschriebenen Umfang von Art. 5 Abs. 1 S. 2 GG gedeckt; das allgemeine arbeitsrechtliche Direktionsrecht geht über die Normen, die dem Intendanten die Geschäftsführung übertragen, mit Art. 12 Abs. 1 GG konform. Ob darüber hinaus das allgemeine arbeitsrechtliche Direktionsrecht auch im Bereich der kommunikationsspezifischen Tätigkeit des Rundfunkjournalisten dem Art. 5 Abs. 1 S. 2 GG Schranken setzen kann, ist ein Problem des Art. 5 Abs. 2 GG, läuft also auf die Frage hinaus, ob ein entsprechendes Vorgehen sich auf ein „allgemeines Gesetz" stützen kann oder nicht[165].

2.3.2. Art. 8 GG und Art. 9 Abs. 1 GG

Für seine *politischen* Aktivitäten außerhalb der Rundfunkanstalt kann sich der Rundfunkmitarbeiter nicht nur, wie oben dargelegt, auf Art. 5 Abs. 1 S. 1 GG berufen, sondern je nach Sachlage auch auf andere Grundrechte. Zu denken ist an *Art. 8 GG (Versammlungsfreiheit)* und *Art. 9 Abs. 1 GG (Vereinigungsfreiheit)*. Diese Rechte können nebeneinander in Anspruch genommen werden; im Einzelfall ist aber auch eine Verdrängung des einen Grundrechts durch das andere möglich. Das trifft z. B. in vielen Fällen des Zusammenwirkens von Art. 5 Abs. 1 und Art. 8 GG zu: Immer dann, wenn die Versammlung das *Mittel* der Meinungsäußerung ist, tritt Art. 5 Abs. 1 hinter Art. 8 GG zurück[166].

Die Vereinigungsfreiheit ist für die hier behandelte Problematik insofern einschlägig, als auch die Mitarbeit in einer Wählerinitiative geschützt ist. Eine Vereinigung im Sinn des Art. 9 Abs. 1 und 2 GG ist nämlich nach übereinstimmender Auffassung[167] jede Vereinigung ohne Rücksicht auf ihre Rechtsform, zu der sich eine Mehrheit natürlicher oder juristischer Personen für längere Zeit zu einem gemeinsamen Zweck freiwillig zusammengeschlossen und einer organisierten Willensbildung unterworfen hat.

2.3.3. Art. 38 GG und Art. 48 GG

Hinsichtlich eines Rundfunkjournalisten, der selbst für eine Bundestags- oder Landtagswahl kandidiert, ist ferner an *Art. 38 GG* (und an seine landesrechtlichen Entsprechungen, vgl. Art. 28 Abs. 1 S. 2 GG) zu denken. Nach Art. 38 Abs. 1 Satz 1 GG werden die Abgeordneten in allgemeiner, unmittelbarer, freier, gleicher und geheimer Wahl gewählt; ge-

---

[165] Vgl. dazu unten 3.3.
[166] Vgl. *W. Müller:* Wirkungsbereich und Schranken der Versammlungsfreiheit, insbesondere im Verhältnis zur Meinungsfreiheit, Berlin 1974, S. 70 ff.
[167] Vgl. *Hesse,* a.a.O. (Anm. 20), S. 168 f.; *Maunz / Dürig / Herzog,* a.a.O. (Anm. 7), Art. 9 Rdnr. 35; *I. v. Münch,* in: Kommentar zum Bonner Grundgesetz (Bonner Kommentar), Stand: 33. Lieferung, Hamburg 1974, Art. 9 Rdnr. 27.

2.3. Sonstige Verfassungsrechte

mäß Art. 38 Abs. 2 ist wahlberechtigt, wer das achtzehnte Lebensjahr vollendet hat; und wählbar, wer das Alter erreicht hat, mit dem die Volljährigkeit eintritt. Diese Norm enthält nach unbestrittener Auffassung auch ein subjektives Grundrecht, das Wahlrecht. Das wird durch Art. 93 Abs. 1 Nr. 4 a GG bestätigt, nach dem auf eine Verletzung des Art. 38 GG durch die öffentliche Gewalt die Verfassungsbeschwerde gestützt werden kann. Das Wahlrecht ist als aktives und als passives Wahlrecht geschützt; als passives gewährleistet es das Recht, sich selbst um einen Sitz im Bundestag zu bewerben, diesen gegebenenfalls anzunehmen und innezuhaben[168].

Einzelne Aspekte des Wahlrechts werden in Art. 48 GG noch näher ausgestaltet: Wer sich um einen Sitz im Bundestag bewirbt, hat Anspruch auf den zur Vorbereitung seiner Wahl erforderlichen Urlaub (Abs. 1). Eine wörtlich übereinstimmende Regelung für die Wahl zum Landtag findet sich z. B. in Art. 29 Abs. 1 der baden-württembergischen Landesverfassung. Für *Beamte* ist dieser grundsätzliche verfassungsrechtliche Urlaubsanspruch in großzügiger Weise dahin konkretisiert, daß der „erforderliche Urlaub" auf zwei Monate vor dem Wahltag angesetzt ist und daß dem Beamten während dieser Zeit die Dienstbezüge belassen werden[169]. Da in der Praxis für *Rundfunkmitarbeiter* analog verfahren wird (ohne daß hierfür eine gesetzliche Grundlage ersichtlich ist[170]), stößt das teilweise angestrebte Bildschirm- und Mikrophonverbot für sechs Wochen vor dem Wahltermin bei Bundestags- oder Landtagskandidaten jedenfalls faktisch ins Leere[171]. Schließlich darf gemäß Art. 48 Abs. 2 GG niemand gehindert werden, das Amt eines Abgeordneten zu übernehmen und auszuüben. Eine Kündigung oder Entlassung aus diesem Grund ist unzulässig.

Somit ist jede Maßnahme, die sich gegen die Bewerbung zum Bundestag (oder zu einem Landtag) als solche richtet, ausgeschlossen; vor allem dürfte die Rundfunkanstalt ihrem Mitarbeiter eine solche Bewerbung nicht verbieten. Hinsichtlich der einzelnen Aktivitäten im Lauf und im Rahmen der Bewerbung sind dann die jeweils einschlägigen grundrechtlichen Gewährleistungen wie z. B. die Versammlungsfreiheit jedenfalls insoweit gegenüber dem passiven Wahlrecht speziell, als sich nicht Besonderheiten — im Beispielsfall für eine Versammlung — gerade aus

---

[168] Vgl. *Maunz* / Dürig / Herzog, a.a.O. (Anm. 7), Art. 38 Rdnr. 29.
[169] Vgl. § 2 der Verordnung über Sonderurlaub für Bundesbeamte und Richter im Bundesdienst vom 18. August 1965 (BGBl. I S. 902) sowie für Baden-Württemberg die Verwaltungsvorschriften des Innenministeriums zur Durchführung des Landesbeamtengesetzes vom 29. September 1964 (GABl. S. 573), zuletzt geändert am 23. April 1974 (GABl. S. 570), zu § 105 Ziffer 7.
[170] Vgl. aber noch unten 2.4.3.
[171] Vgl. *Bausch*, in: Südfunk intern Nr. 12 vom 17. Oktober 1972, S. 2; *Grossmann*, a.a.O. (Anm. 15), S. I.

dem „Kandidat-Sein" ergeben. Da das in der Regel nicht der Fall sein wird, ergibt Art. 38 Abs. 1 Satz 1 GG für diejenigen Maßnahmen, mit denen die Rundfunkanstalt die politischen Aktivitäten ihrer Mitarbeiter etwa in der Weise zu unterbinden sucht, daß sie die Teilnahme an Versammlungen, die Mitarbeit in Wählerinitiativen usw. verbietet, keine zusätzlichen normativen Gesichtspunkte. Für Maßnahmen andrerseits, die die berufliche Arbeit *innerhalb* der Rundfunkanstalt betreffen, ist Art. 38 Abs. 1 Satz 1 GG nicht erheblich, weil durch solche Maßnahmen nicht die Bewerbung als solche beeinträchtigt wird. Sofern diese Maßnahmen die Arbeitslast verringern, läßt sich ihre Zulässigkeit im Hinblick auf das passive Wahlrecht darüber hinaus aus Art. 48 Abs. 1 GG folgern.

2.3.4. Art. 3 Abs. 3 GG

Schließlich hat der Rundfunkjournalist gemäß *Art. 3 Abs. 3 GG* ein Grundrecht darauf, u. a. nicht wegen seiner politischen Anschauungen benachteiligt zu werden. Das heißt allerdings nicht, die Rechtsordnung dürfe in keiner Weise an das Kriterium „politische Anschauungen" anknüpfen[172]. So ist z. B., wie oben ausgeführt, eine Entlassung, die im Hinblick auf die funktionell mißbräuchliche Äußerung politischer Meinungen erfolgt, trotz Art. 3 Abs. 3 GG nicht einfach unzulässig. Andere Normen als Art. 3 Abs. 3 GG legen fest, wann überhaupt an dieses Kriterium angeknüpft werden darf. Wenn und soweit das Anknüpfen möglich ist, greift Art. 3 Abs. 3 GG in der Weise ein, daß jedenfalls nicht inhaltlich nach der Richtung der politischen Anschauungen differenziert werden darf.

Er verbietet also einmal *Regelungen* (Normen, Verwaltungsvorschriften), die parteipolitisch ungleich belasten bzw. begünstigen würden. Dieser Fall ist zwar nicht aktuell, wohl aber ist er denkbar. Art. 3 Abs. 3 GG verbietet insofern zum andern, daß Regelungen, die als solche unter dem Aspekt des Gleichheitsgrundsatzes nicht zu beanstanden sind, ungleich, z. B. parteipolitisch differenzierend, *konkretisiert* werden[173]. Ein solches Vorgehen wäre dann im Einzelfall ein Verstoß gegen Art. 3 Abs. 3 GG. Dieser Verstoß kann je nach Situation zu anderen Verfassungsverletzungen hinzutreten. Insbesondere wird in dem Fall, daß sich die politische Anschauung in der Äußerung einer Meinung offenbart, häufig *sowohl* ein Verstoß gegen Art. 3 Abs. 3 GG *als auch* gegen Art. 5 Abs. 1 S. 1 GG in Betracht kommen.

---

[172] Vgl. Maunz / *Dürig* / Herzog, a.a.O. (Anm. 7), Art. 3 Abs. III Rdnr. 135: „Bei Licht besehen, gibt es überhaupt keine Norm, die nicht an Merkmale des Art. 3 III ‚anknüpfen' darf."
[173] Zum Vorgang der Konkretisierung vgl. *Müller*, a.a.O. (Anm. 16), S. 119 f., 125 ff.

Diese Feststellungen betreffen den Bereich, in dem prinzipiell, d. h. ohne Verstoß gegen sonstiges Recht, an das Kriterium „politische Anschauungen" angeknüpft werden darf. Wenn jedoch bereits nach anderen Normen nicht an die politischen Anschauungen angeknüpft werden darf, so wenn z. B. ein an die politische Meinungsäußerung anknüpfendes Gesetz vor Art. 5 Abs. 1 GG nicht bestehen kann (weil es etwa kein „allgemeines Gesetz" im Sinn des Art. 5 Abs. 2 GG ist[174]), dann verstoßen hierauf beruhende Maßnahmen insofern — d. h. noch vor jeder möglichen inhaltlichen, z. B. parteipolitischen Diskriminierung — bereits gegen Art. 3 Abs. 3 GG. Hier tritt der Verstoß gegen Art. 3 Abs. 3 GG stets kumulativ zu dem sonstigen Verfassungsverstoß hinzu, im genannten Beispielsfall also zu dem gegen Art. 5 Abs. 1 S. 1 GG.

Im übrigen muß die ungleiche Behandlung im Rahmen des Art. 3 Abs. 3 GG „wegen" der politischen Anschauungen erfolgen; diese müssen mit anderen Worten ursächlich für die Diskriminierung gewesen sein[175]. Für den Fall, daß mehrere Gründe für die Benachteiligung oder Begünstigung kausal gewesen sein sollten, ist *nicht* zu fordern, daß die Diskriminierung „gerade wegen und nur wegen" der politischen Anschauungen erfolgt sein muß[176]. Offensichtlich wäre sonst nichts leichter, als den Art. 3 Abs. 3 GG seiner Geltung zu berauben.

2.4. Unterverfassungsrechtliche Rechtspositionen

Die Liste subjektiver Rechte der Rundfunkmitarbeiter wäre unvollständig ohne einen Blick auf unterverfassungsrechtliche Rechtspositionen.

2.4.1. Die Rundfunkmitarbeiter als öffentliche Bedienstete

Die Rundfunkmitarbeiter sind keine Beamten, da die Rundfunkanstalten keine „Dienstherrenfähigkeit" haben. Das Recht, Beamte zu haben, besitzen gemäß § 121 BRRG nur der Bund, die Länder, die Gemeinden und die Gemeindeverbände sowie sonstige Körperschaften, Anstalten und Stiftungen des öffentlichen Rechts, die dieses Recht am 1. September 1957 besaßen oder denen es nach diesem Zeitpunkt durch Gesetz, Rechtsverordnung oder Satzung verliehen wird. Eine solche Verleihung hat für keine Rundfunkanstalt stattgefunden[177].

---

[174] Dazu noch ausführlich unten 3.3.

[175] Vgl. BVerfGE 2, 266, 286 und ausführlich Maunz / *Dürig* / Herzog, a.a.O. (Anm. 7), Art. 3 Abs. III Rdnr. 133 - 160.

[176] So aber BAG in: NJW 1973, S. 78; *gegen* diese Entscheidung: M. *Gubelt,* in: Grundgesetz-Kommentar (Hrsg.: I. v. Münch), München 1975, Art. 3 Rdnr. 89; Maunz / *Dürig* / Herzog, a.a.O. (Anm. 7), Art. 3 Abs. I Rdnr. 508.

[177] Vgl. *Baumgarten,* a.a.O. (Anm. 65), S. 62; *H. Bethge,* in: UFITA Band 58 (1970), S. 126 ff.; Stern / *Bethge,* a.a.O. (Anm. 28), S. 16 f.

2. Subjektive Rechte der Rundfunkmitarbeiter

Für Rundfunkmitarbeiter bleibt daher nur die Möglichkeit eines privatrechtlichen Arbeitsverhältnisses, in dem — wie gezeigt[178] — auch die Angestellten und Arbeiter des öffentlichen Dienstes stehen. Trotzdem bleibt die Frage von Belang, ob die Rundfunkmitarbeiter öffentliche Bedienstete sind: Denn verschiedene Normen verwenden den Rechtsbegriff „öffentlicher Dienst" und führen so zu einem das Arbeitsrecht teilweise überlagernden Sonderrecht für die betroffenen Personen. Dadurch sind die Rechtsverhältnisse der Angestellten im öffentlichen Dienst stark an die der Beamten angeglichen worden. Hierauf beruht es, daß das Recht der öffentlichen Dienstnehmer „formell Arbeitsrecht, materiell weitgehend Beamtenrecht" ist[179]. Normen, die in diesem Sinn den gesamten öffentlichen Dienst umfassen und so für Angestellte wie für Beamte gelten, sind vor allem das Bundespersonalvertretungsgesetz samt den entsprechenden Landespersonalvertretungsgesetzen. Weitere Beispiele sind das Gesetz über das Verfahren für die Erstattung von Fehlbeständen an öffentlichem Vermögen (Erstattungsgesetz)[180] und das Gesetz über die Rechtsstellung der in den Deutschen Bundestag gewählten Angehörigen des öffentlichen Dienstes[181] mit den entsprechenden Landesgesetzen[182].

Unter diesem Aspekt ist es wichtig, den Personenkreis, der vom Begriff des öffentlichen Dienstes umfaßt wird, genau abzustecken. Früher hat man zu diesem Zweck häufig auf die Art der Tätigkeit abgestellt und als „öffentlichen Dienst" jede Tätigkeit angesehen, die der Verwirklichung staatlicher Aufgaben diente[183]. Diese Auffassung ist heute überwunden, da sie nicht in der Lage ist, die in diesem Bereich besonders wünschenswerte Rechtsklarheit zu schaffen. Dementsprechend wird auf ein formelles Kriterium abgestellt: die Organisationsform. So definiert z. B. § 15 Abs. 3 des Arbeitsplatzschutzgesetzes[184] den öffentlichen Dienst als „die Tätigkeit im Dienste des Bundes, eines Landes, einer Gemeinde, eines Gemeindeverbandes oder anderer Körperschaften, Anstalten und Stiftungen des öffentlichen Rechts oder der Verbände von solchen". Das stimmt mit der ganz herrschenden Meinung überein[185]. Die Rundfunk-

---

[178] Vgl. oben Fn. 67.

[179] So *Wolff*, a.a.O. (Anm. 67), S. 486; zu dem (theoretischen) Streit über die „Einordnung" dieser Rechtsmaterie ausführlich *Kirschner*, a.a.O. (Anm. 42), S. 31 ff.

[180] In der Fassung vom 24. Januar 1951 (BGBl. I S. 87, 109).

[181] Vom 4. August 1953 (BGBl. I S. 777).

[182] Z. B. baden-württembergisches Gesetz über die Rechtsstellung der in den Landtag gewählten Angehörigen des öffentlichen Dienstes vom 25. Juli 1955 (GBl. S. 112).

[183] Vgl. die Nachweise bei *Pfennig*, a.a.O. (Anm. 67), S. 30 ff.

[184] In der Fassung vom 21. Mai 1968 (BGBl. I S. 551).

[185] Vgl. BVerwGE 30, 84; *J. Jung*: Die Zweispurigkeit des öffentlichen Dienstes, Berlin 1971, S. 27 f.; *W. Martens*: Öffentlich als Rechtsbegriff, Bad Homburg v. d. H., Berlin, Zürich 1969, S. 101 ff.; *Maunz / Dürig / Herzog*, a.a.O.

2.4. Unterverfassungsrechtliche Rechtspositionen

anstalten sind rechtsfähige Anstalten des öffentlichen Rechts; ihre Mitarbeiter stehen deshalb im öffentlichen Dienst[186].

Demgegenüber meinen *Stern* und *Bethge*[187], daß „weder aus der öffentlich-rechtlichen Formalstruktur noch aus dem materiellen Funktionskreis leistungsverwaltender Tätigkeit gefolgert werden (kann), die Rundfunkbediensteten rechneten zum öffentlichen Dienst". Zur Begründung berufen sie sich auf „die rundfunkspezifische Besonderheit, daß einmal bei diesem Massenmedium der entscheidende Akzent auf der publizistisch-kommunikativen Funktion liegt . . . und daß zum andern auch die öffentlich-rechtliche Strukturierung des Rundfunks mehr ein akzidentelles denn essentielles Symptom dieses Massenkommunikationsmittels darstellt"[188]. Juristisch handhabbare Kriterien für die Abgrenzung des Rechtsbegriffs „öffentlicher Dienst" geben diese Ausführungen nicht. Der wohl wichtigste Fall einer gesetzlichen Regelung, die sowohl für Beamte als auch für Arbeitnehmer des öffentlichen Dienstes gilt, ist das Personalvertretungsrecht des Bundes und der Länder; diese Regelungen gelten aber durchweg auch für die Rundfunkanstalten[189]. Vor allem ist mit der Zurechnung der Rundfunkmitarbeiter zum öffentlichen Dienst nicht etwa verfassungskräftig festgelegt, daß die gesetzlichen Normen in diesem Bereich stets alle Angehörigen des öffentlichen Dienstes in gleicher Weise erfassen müßten. Gesetze können jeweils für ihren Bereich den Adressatenkreis (im Rahmen des verfassungsrechtlich Zulässigen, insbesondere also des Art. 3 GG) unterschiedlich abstecken[190]. Beispielsweise bestimmte § 83 des Hamburgischen Personalvertretungsgesetzes[191], daß

(Anm. 7), Art. 33 Rdnr. 44; *Pfennig*, a.a.O. (Anm. 67), S. 40 ff.; *C. H. Ule*, in: VA Band 62 (1971), S. 283; *Wolff*, a.a.O. (Anm. 67), S. 395.

[186] Ausdrücklich so für die Rundfunkanstalten auch *Jung*, a.a.O. (Anm. 185), S. 28.

[187] Vgl. *H. Bethge*, in: UFITA Band 58 (1970), S. 120 ff.; *Stern / Bethge*, a.a.O. (Anm. 28), S. 17 ff.

[188] *Stern / Bethge*, a.a.O. (Anm. 28), S. 19.

[189] Vgl. *Baumgarten*, a.a.O. (Anm. 65), S. 182 ff.; *Hoffmann-Riem*, a.a.O. (Anm. 17), S. 78 f.; *Lehr / Berg*, a.a.O. (Anm. 114), S. 298 - 315; *Stern / Bethge*, a.a.O. (Anm. 28), S. 20 f. Fn. 49. Rechtspolitisch wird allerdings von gewerkschaftlicher Seite eine Ausgliederung der Rundfunkanstalten aus den bestehenden Personalvertretungsgesetzen und die Schaffung eigener Gesetze für das Personalvertretungsrecht der Arbeitnehmer in Rundfunkanstalten angestrebt; vgl. *W. Bader*, in: Hörfunk — Fernsehen — Film, Nr. 2/1973, S. 17 f.

[190] In diesem Sinn auch *Pfennig*, a.a.O. (Anm. 67), S. 46.

[191] Vom 18. Oktober 1957 (GVBl. S. 473) in der Fassung vom 16. November 1964 (GVBl. S. 240). Durch das nunmehr geltende Hamburgische Personalvertretungsgesetz vom 17. November 1972 (GVBl. S. 211) sind die Angehörigen der Rundfunkanstalt auf folgende Weise von der Regelung des Gesetzes ausgenommen: § 1 beschränkt den Geltungsbereich auf die der Aufsicht der Freien und Hansestadt Hamburg unterstehenden juristischen Personen des öffentlichen Rechts; für den NDR wird aber gemäß § 22 Abs. 1 NDR-StV die Aufsicht „von den Regierungen der vertragschließenden Länder gemeinsam ausgeübt".

der NDR von den Regelungen des Gesetzes ausgenommen ist, ohne daß deshalb schon der Status der Mitarbeiter des NDR als ein grundsätzlich anderer denn jener der Mitarbeiter aller übrigen Rundfunkanstalten bezeichnet werden müßte. Und selbst wenn der (einfache) Gesetzgeber eine solche unterschiedliche Regelung nicht vorgenommen hat, bleibt immer noch die Möglichkeit, daß sie durch höherrangiges Recht erzwungen wird[192]. Eine solche Feststellung kann jedoch jeweils nur für die einzelne Norm getroffen werden, nicht aber pauschal in der Weise, daß sämtliche Regelungen für öffentliche Bedienstete auf die Angehörigen der Rundfunkanstalten nicht anwendbar seien.

Schließlich ist noch auf folgendes hinzuweisen: Die oben erwähnte weitgehende Angleichung des Rechts der öffentlichen Dienstnehmer an das Recht der Beamten beruht nur zum Teil auf gesetzlichen Direktiven für die Gesamtheit des öffentlichen Dienstes. Die Angleichung wird überwiegend durch das Tarifrecht der Arbeiter und Angestellten des öffentlichen Dienstes herbeigeführt[193]. Als Techniken sind zu nennen: die ausdrückliche Verweisung auf beamtenrechtliche Vorschriften, deren stillschweigende oder ausdrückliche Übernahme sowie die nur leicht modifizierende inhaltliche Anpassung an beamtenrechtliche Regelungen[194]. Wenn und soweit also solches Tarifrecht in Geltung ist, stehen sogar die nicht formell zum öffentlichen Dienst Gehörigen der Sache nach den öffentlichen Dienstnehmern weitgehend gleich. Umgekehrt kann die spezielle tarifrechtliche Gestaltung dazu führen, daß die formell zum öffentlichen Dienst Gehörigen in manchen Regelungsbereichen den privaten Dienstnehmern gleichstehen. — Demnach bestehen keine Bedenken dagegen, die Rundfunkmitarbeiter als öffentliche Bedienstete zu bezeichnen.

2.4.2. Tarifrecht

Wichtigste Tarifnorm für den Bereich des öffentlichen Dienstes ist der BAT, der jedoch für den Bereich der Rundfunkanstalten *nicht* gilt[195]. In den von den einzelnen Rundfunkanstalten abgeschlossenen Tarifverträgen findet sich keine Norm, die für die vorliegende Problematik erheblich wäre. Das gilt besonders für den einheitlichen Manteltarifvertrag (eMTV), den verschiedene Gewerkschaften mit der ARD ausgehandelt

---

[192] Vgl. dazu oben 2.1.4.1. mit Fn. 50 f.

[193] Vgl. *Wolff*, a.a.O. (Anm. 67), S. 486.

[194] Ausführlich hierzu: *Jung*, a.a.O. (Anm. 185), S. 167, 181 ff.; *Kirschner*, a.a.O. (Anm. 42), S. 27 ff.

[195] Das geht hervor aus der Aufstellung der „Körperschaften, Anstalten und Stiftungen des öffentlichen Rechts, die nicht den BAT oder einen Tarifvertrag wesentlich gleichen Inhalts anwenden", abgedruckt bei *Clemens / Scheuring / Steingen / Görner / Opalke / Wiese:* Kommentar zum Bundes-Angestelltentarifvertrag, Stuttgart, Stand: Mai 1975, Anlage II im Anhang zu § 20.

haben und der seit dem 1. Januar 1976 bei insgesamt sechs Rundfunkanstalten in Kraft ist[196]. Eine Ausnahme macht insofern nur der Tarifvertrag, der für den Bereich des BR abgeschlossen worden ist. Unter der Überschrift „Regeln für das Verhalten im Betrieb und Verschiedenes" heißt es unter Ziffer 622: „Innerhalb des Bayerischen Rundfunks hat im Interesse des Betriebsfriedens jede parteipolitische Betätigung zu unterbleiben." Da es der vorliegenden Untersuchung zentral um die parteipolitische Betätigung in der Freizeit geht und da diese Bestimmung außerdem ganz vereinzelt dasteht, braucht ihre Problematik hier nicht weiter aufgerollt zu werden.

Im übrigen müßten selbst dann, wenn in Tarifverträgen z. B. eine Pflicht der Angestellten zur Mäßigung bei politischen Meinungsäußerungen enthalten wäre, die Grenzen der Geltung tariflicher Vorschriften beachtet werden. Voraussetzung für die Erstreckung auch auf Nicht-Gewerkschaftsmitglieder ist nämlich entweder eine Allgemeinverbindlichkeitserklärung des Tarifvertrags nach § 3 Abs. 1 TVG oder eine Bezugnahme auf den Tarifvertrag in den einzelnen Arbeitsverträgen. Eine Allgemeinverbindlichkeitserklärung ist jedoch selten. Selbst der BAT ist nicht für allgemeinverbindlich erklärt worden; es ist auch von keiner Tarifvertragspartei beabsichtigt, eine Allgemeinverbindlichkeitserklärung zu beantragen[197]. Andererseits ist die einzelvertragliche Vereinbarung der Geltung des BAT in weiten Bereichen des öffentlichen Dienstes die Regel[198].

2.4.3. Satzungsrecht

Es gibt eine einzige rundfunkrechtliche Bestimmung, die die „öffentliche politische Betätigung" der Rundfunkmitarbeiter zum Gegenstand hat. Art. 36 Abs. 1 SWF - S lautet: „Für die öffentliche politische Betätigung der Arbeitnehmer des Südwestfunks gelten die im Lande ihrer beruflichen Tätigkeit bestehenden gesetzlichen Vorschriften für Angestellte des öffentlichen Dienstes. Bei einer beruflichen Tätigkeit außerhalb des Sendegebietes wird im Arbeitsvertrag festgelegt, welche gesetzlichen Vorschriften anzuwenden sind."

Nach dem bisher Gesagten läuft diese Vorschrift weitgehend leer. Gemäß dem ausdrücklichen Wortlaut („Angestellte") sind hier nicht etwa beamtenrechtliche Vorschriften in Bezug genommen. Gesetzliche Rege-

---

[196] Abgedruckt in: Hörfunk — Fernsehen — Film, Nr. 1/1974, S. II ff.
[197] Vgl. *Crisolli / Tiedtke*: Das Tarifrecht der Angestellten im öffentlichen Dienst, Neuwied, Berlin, Stand: 18. 4. 1975, Teil I, Vorbemerkung 12 vor Abschnitt I.
[198] Vgl. *Clemens* u. a., a.a.O. (Anm. 195), Teil I Vorbemerkung III vor § 1; *Söllner*, a.a.O. (Anm. 67), S. 34, 125. Allgemein zur individualrechtlichen Bezugnahme des Tarifrechts: *G. Schaub*: Arbeitsrechts-Handbuch, 2. Aufl., München 1975, S. 842 ff.

lungen, die die öffentliche politische Betätigung speziell der Angestellten im öffentlichen Dienst regeln, sind aber kaum ersichtlich. Zwar ist die Feststellung richtig, daß wegen der oft gleichen Funktionen die Verpflichtungen der Dienstnehmer denen der Beamten ähneln[199]; doch darf dabei nicht übersehen werden, daß sich diese Verpflichtungen in ihrer großen Mehrzahl aus Tarifverträgen ergeben. So wird vor allem § 8 BAT eine der beamtenrechtlichen vergleichbare Mäßigungspflicht hinsichtlich politischer Betätigung entnommen[200] — was angesichts des Wortlauts („Der Angestellte hat sich so zu verhalten, wie es von Angehörigen des öffentlichen Dienstes erwartet wird.") nicht unproblematisch ist. Im vorliegenden Zusammenhang ist aber entscheidend, daß Tarifnormen keine Gesetze und daher auch nicht von Art. 36 Abs. 1 SWF - S in Bezug genommen sind.

Es bleibt übrig etwa § 6 des baden-württembergischen Gesetzes über die Rechtsstellung der in den Landtag gewählten Angehörigen des öffentlichen Dienstes[201]. Paradoxerweise enthält aber gerade insoweit Art. 36 Abs. 2 SWF - S eine eigene, noch darüber hinaus gehende Regelung. Das problematische Verhältnis beider Normen interessiert hier nicht weiter. Festzuhalten bleibt, daß Art. 36 Abs. 1 SWF - S nur einen minimalen Regelungsgehalt aufweist.

2.4.4. Der arbeitsrechtliche Beschäftigungsanspruch

Wichtig ist hier dagegen der aus dem Arbeitsvertrag folgende *Beschäftigungsanspruch*. Dieser Anspruch verpflichtet den Arbeitgeber, den Arbeitnehmer entsprechend der vereinbarten Tätigkeit zu beschäftigen[202]. Diese arbeitsvertragliche Pflicht ist sowohl von dem „Recht auf Arbeit", das einige Landesverfassungen gewähren, als auch von dem „Recht auf den Arbeitsplatz", das u. a. im Hinblick auf § 823 BGB diskutiert wird, zu unterscheiden[203]. Grundsätzlich hat der Arbeitnehmer einen Anspruch darauf, mit den vertraglich vereinbarten bzw. mit den einer bestimmten tariflichen Vergütungsgruppe zugeordneten Arbeiten beschäftigt zu werden. Ausnahmen von diesem Grundsatz sind nur unter folgenden Voraussetzungen anerkannt: entweder dann, wenn der Arbeitgeber den Arbeitnehmer nicht mehr beschäftigen kann, weil für die vom Arbeitnehmer geschuldete Arbeit kein Bedarf mehr besteht; oder dann, wenn

---

[199] Vgl. *Wolff*, a.a.O. (Anm. 67), S. 488.
[200] Vgl. *Clemens* u. a., a.a.O. (Anm. 195), § 8 Anm. 2; *Crisolli / Tiedtke*, a.a.O. (Anm. 197), § 8 Erl. 3; *Uttlinger / Breier:* BAT Bundes-Angestelltentarifvertrag, München, Stand: 1. 6. 1975, § 8 Erl. 2.
[201] Vgl. oben Fn. 182.
[202] Vgl. BAG in: AP Nr. 2 zu § 611 BGB Beschäftigungspflicht; s. a. *Grossmann*, a.a.O. (Anm. 15), S. VI.
[203] Vgl. näher *M. Rath:* Die Garantie des Rechts auf Arbeit, Göttingen 1974.

der Arbeitgeber ein besonderes Interesse an der sofortigen Arbeitseinstellung des Arbeitnehmers hat[204]. Ein solches besonderes Interesse ist nur bei dem durch Tatsachen erhärteten Verdacht einer schwerwiegenden Vertragsverletzung oder einer strafbaren Handlung anerkannt. Ob eine Betätigung im Rahmen grundrechtlicher Garantien in der Freizeit überhaupt den Arbeitsvertrag verletzen kann, wird hier noch zu klären sein. Keinesfalls kann sie als eine schwerwiegende Vertragsverletzung anerkannt werden, die zur sofortigen Arbeitsfreistellung oder Suspendierung berechtigt.

Der Beschäftigungsanspruch wird auch für die hier diskutierte Problematik aktuell. Zwar ist es teilweise üblich — besonders bei Verträgen über freie Mitarbeit —, einen Anspruch auf das Erscheinen auf dem Bildschirm bzw. auf das Sprechen vor dem Mikrophon ausdrücklich auszuschließen. Die entsprechenden Vertragsklauseln lauten z. B. wie folgt: „Die Rundfunkanstalt ist nicht verpflichtet, von den Leistungen des Vertragspartners Gebrauch zu machen. Sie ist insbesondere berechtigt, nach Anhörung des Vertragspartners, im Einzelfall einen anderen Mitarbeiter mit der Moderation einer Sendung zu beauftragen." Andererseits besteht aber auch vielfach ein Beschäftigungsanspruch, der den Auftritt auf dem Bildschirm und das Sprechen vor dem Mikrophon umschließt. Das betrifft zunächst die Fälle, in denen die vereinbarte Leistung gar nicht auf andere Weise erbracht werden kann. Hierher sind insbesondere die Nachrichtensprecher und Fernsehansagerinnen zu rechnen; auch die Arbeit eines Quizmasters ist nicht gut hinter den Kulissen auszuüben. Aber auch bei Tätigkeiten, die nicht in dieser Weise festgelegt sind, bei denen die vereinbarte Leistung also sowohl „bildschirmöffentlich" als auch anders erbracht werden kann, wird teilweise die direkte Moderation im Arbeitsvertrag zu den Leistungen gezählt, auf die sich der Vertrag bezieht. So heißt es z. B.: „Zu den unter den Arbeitsvertrag fallenden zumutbaren Einzelleistungen ... gehört u. a. auch die Tätigkeit als Studioredakteur (Moderator)." In diesen Fällen richtet sich also der Beschäftigungsanspruch *auch* auf den Auftritt auf dem Bildschirm und auf das Sprechen vor dem Mikrophon.

Der Beschäftigungsanspruch ist von dem Grundrecht der Rundfunkfreiheit prinzipiell zu unterscheiden. D. h. es gibt einerseits Betätigungen von Rundfunkmitarbeitern, die eine Ausübung der Rundfunkfreiheit sind, ohne daß auf sie ein arbeitsrechtlicher Beschäftigungsanspruch besteht; andererseits gibt es Betätigungen, auf die die Rundfunkmitarbeiter einen arbeitsrechtlichen Beschäftigungsanspruch haben, ohne daß sie zugleich in den Schutzbereich der individuellen Rundfunkfreiheit fallen. In vielen Fällen laufen aber beide Rechte, nämlich das Grundrecht der in-

---

[204] Vgl. *Hueck / Nipperdey*: Lehrbuch des Arbeitsrechts, 6. Aufl., Berlin und Frankfurt a. M. 1959, Band I, S. 350 f.; *Schaub*, a.a.O. (Anm. 198), S. 472 f.

dividuellen Rundfunkfreiheit und der unterverfassungsrechtliche Beschäftigungsanspruch, parallel; sie richten sich auf die gleiche Rechtsfolge. Das ist der Fall bei der zweiten der eben beschriebenen beiden Fallgruppen: Die Rundfunkmitarbeiter, die einen vertraglichen Anspruch auf Moderation vor Kamera und Mikrophon haben, können sich also gegenüber Maßnahmen, die ihre Bildschirmauftritte beschränken sollen, sowohl auf den arbeitsvertraglichen Beschäftigungsanspruch als auch auf Art. 5 Abs. 1 S. 2 GG berufen. Soweit solche Maßnahmen an grundrechtsgeschützte Wahlkampfaktivitäten des Rundfunkmitarbeiters anknüpfen, sind sie wie gesagt keine zulässige Einschränkung des Beschäftigungsanspruchs; inwieweit ihnen auch das Grundrecht der Rundfunkfreiheit entgegensteht, wird noch weiter zu prüfen sein.

Wenn hinsichtlich einer Tätigkeit, zu der normalerweise die Arbeit vor dem Mikrophon und/oder auf dem Bildschirm gehört, im Arbeitsvertrag ausdrücklich vereinbart wird, es bestehe hierauf kein Anspruch, so stellt sich die Frage eines *Verzichts* auf den Beschäftigungsanspruch. Dieselbe Frage stellt sich dann, wenn ein Journalist freiwillig aus Gründen des „guten Stils" oder der „journalistischen Glaubwürdigkeit" in Wahlkampfzeiten wegen seiner privaten politischen Aktivitäten ein Erscheinen auf dem Bildschirm und vor dem Mikrophon vermeiden will[205]. Der arbeitsrechtliche Beschäftigungsanspruch ist ein *subjektives Privatrecht*. Solche Rechte sind grundsätzlich verzichtbar[206]. Allerdings gibt es von diesem Grundsatz verschiedene Ausnahmen: Auf Persönlichkeitsrechte und familienrechtliche Pflichtenrechte kann nicht *in toto* verzichtet werden; es sind nur in *einzelnen* Aspekten Verfügungen und Gestattungen möglich. Dagegen kann auf Vermögensrechte durchweg verzichtet werden, obwohl es auch hier Abweichungen gibt, wie z. B. § 1614 Abs. 1 BGB zeigt. Für die Vermögensrechte stellt sich dann in der Regel nur noch die Frage, ob auf das Recht *einseitig* verzichtet werden kann oder ob es für den Verzicht eines *zweiseitigen* Rechtsgeschäfts bedarf. Während im Sachen- und Prozeßrecht vielfach ein einseitiger Verzicht zulässig ist, ist für den Verzicht auf einen schuldrechtlichen Anspruch (eine Forderung) ein Erlaßvertrag (§ 397 BGB) erforderlich. Auch im Schuldrecht kann allerdings wiederum auf einzelne Einreden und Gestaltungsrechte einseitig verzichtet werden. Für das *Arbeitsrecht* sind noch folgende Spezialregelungen einschlägig: Ein Verzicht auf bereits entstandene Rechte ist unwirksam, es sei denn, daß die Tarifparteien den in einem Vergleich ausgesprochenen Verzicht genehmigen (§ 4 Abs. 4 S. 1 TVG); auf Rechte, die dem Arbeitnehmer durch eine Betriebsvereinbarung eingeräumt sind, kann er nur mit Zustimmung des Betriebsrats verzichten (§ 77

---

[205] Vgl. oben 2.1.4.4. am Ende.
[206] Vgl. zum folgenden: *K. Larenz:* Allgemeiner Teil des deutschen bürgerlichen Rechts, 3. Aufl., München 1975, S. 192 f.; *Palandt:* Bürgerliches Gesetzbuch, 35. Aufl., München 1976, § 397 Anm. 1.

2.4. Unterverfassungsrechtliche Rechtspositionen

Abs. 4 S. 2 BetrVG). — Nach allem ist nicht erkennbar, was der Zulässigkeit eines einverständlichen partiellen Verzichts auf den Beschäftigungsanspruch entgegenstehen sollte. Es bestehen daher auch keine arbeitsrechtlichen Bedenken gegen ein gentlemen's agreement über *freiwillige* Zurückhaltung bei Wahlkampfaktivitäten von Rundfunkmitarbeitern.

Die prinzipielle Unterscheidung zwischen arbeitsrechtlichem Beschäftigungsanspruch und grundrechtlicher Rundfunkfreiheit läßt folgende Argumentation als Fehlschluß erscheinen: Den Rundfunkmitarbeitern dürfe zeitweilig verboten werden, „optisch-visuell auf dem Bildschirm zu erscheinen", da sie hierauf keinen arbeitsvertraglichen Anspruch hätten[207]. Denn zwar unterliegt dieser Anspruch in seinem Umfang weitgehender privater Disposition; und auch soweit er besteht, kann auf seine Durchsetzung im Einzelfall verzichtet werden. Das Grundrecht bleibt aber hiervon *prinzipiell* unberührt. Ein Grundrechtsverzicht wäre *zusätzlich* im Einzelfall zu prüfen; er ist aber — wie gezeigt[208] — an strenge Voraussetzungen gebunden. Und selbst für den Fall, daß in einem Verzicht auf den arbeitsrechtlichen Beschäftigungsanspruch gleichzeitig ein partieller Verzicht auf die Grundrechtsausübung läge, wäre damit die objektiv-rechtliche Grundrechtsbindung der Rundfunkanstalt noch nicht entfallen. Die Grundrechtsbindung ist nämlich nicht nur unabhängig davon, ob ein subjektiv-privater Anspruch besteht, sondern selbst davon, ob ein subjektiv-öffentlicher Anspruch besteht. Beispielsweise sei auf Art. 33 Abs. 2 GG verwiesen. Danach hat jeder Deutsche nach seiner Eignung, Befähigung und fachlichen Leistung gleichen Zugang zu jedem öffentlichen Amte. Es ist anerkannt, daß sich hieraus kein *Anspruch* auf Aufnahme in den öffentlichen Dienst ergibt. Gleichwohl haben die Träger öffentlicher Gewalt den Art. 33 Abs. 2 GG zu beachten. Ähnliches gilt für staatliche Prüfungen. Das Recht der freien Wahl der Ausbildungsstätte (Art. 12 Abs. 1 S. 1 GG) umfaßt u. a. das Recht auf einen ausbildungsspezifischen Abschluß an einer staatlichen Ausbildungsstätte[209]. Dieser Prüfungsanspruch ist darüber hinaus in vielen Gesetzen und untergesetzlichen Normen (Rechtsverordnungen, Satzungen) konkretisiert. Immer geht er dahin, geprüft zu werden, nicht aber: die Prüfung zu bestehen. In der Logik des genannten Fehlschlusses läge es, in diesen Fällen zu sagen: *Weil* der einzelne keinen Anspruch auf Aufnahme in den öffentlichen Dienst hat, könne ihm der Zugang mit beliebigen Argumenten verwehrt werden. Oder: *weil* der einzelne keinen Anspruch auf Pro-

---

[207] So *Holzamer*, in: funk report, 11. Jg. Nr. 21/75, S. 7.
[208] Vgl. oben 2.1.4.4.
[209] Vgl. *B. Clevinghaus*, in: RdJB 1974, S. 324; *G. Fries:* Die Rechtsstellung des Studenten innerhalb der wissenschaftlichen Hochschule, Hamburg 1974, S. 99; *W. K. Geck:* Promotionsordnungen und Grundgesetz, 2. Aufl., Köln, Berlin, Bonn, München 1969, S. 42; *B. Pieroth:* Störung, Streik und Aussperrung an der Hochschule, Berlin 1976, S. 212 f.

motion hat, könne ihm das Schreiben einer Dissertation verboten werden. Der Fehler dieser Argumentation ist offensichtlich. Er muß auch für die vorliegende Problematik vermieden werden: Wenn im Einzelfall kein Anspruch auf einen Auftritt auf dem Bildschirm oder vor dem Mikrophon besteht, kann daraus nicht gefolgert werden, es dürfe generell ein entsprechendes Verbot erlassen werden.

3. Möglichkeiten der Beschränkung der subjektiven Rechte der Rundfunkmitarbeiter

3.1. Ausgangspunkt

Bevor nunmehr die *Möglichkeiten der Beschränkung* der dargestellten Rechte untersucht werden, sei nochmals die Problematik definiert, um die es geht: Es handelt sich *nicht* um die Zulässigkeit politischer Aktivitäten des Rundfunkjournalisten *im Dienst*; sondern darum, ob und inwiefern ein durch mehrere prinzipiell konkurrierende Rechte geschütztes Verhalten eines Rundfunkmitarbeiters dadurch eingeschränkt werden kann, daß die Rundfunkanstalt

a) direkt in die Ausübung der *außerhalb* der Anstalt wahrgenommenen politischen Rechte eingreift bzw.

b) an dieses politische Verhalten anknüpfend Eingriffe in die Ausübung des — ebenfalls durch Rechte abgesicherten — Dienstes *innerhalb* der Rundfunkanstalt vornimmt.

Die für politische *Betätigung in der Freizeit* primär einschlägigen Grundrechte sind *Art. 5 Abs. 1 S. 1 (Meinungsfreiheit), Art. 8 (Versammlungsfreiheit) und Art. 9 Abs. 1 GG (Vereinigungsfreiheit);* die *dienstliche Tätigkeit* von Rundfunkmitarbeitern ist in bestimmtem Umfang von Art. 5 Abs. 1 Satz 2 GG geschützt. Für die Frage, inwieweit diese Rechte beschränkt werden können, ist zu beachten:

Grundrechts*schranken* können sich im Rechtsstaat nur kraft positiv normierten Verfassungsrechts ergeben. Eine Begrenzung von Grundrechten durch Übertragen der Schranken des Art. 2 Abs. 1 GG, durch „Gemeinschaftsvorbehalte", „Nichtstörungsschranken" oder durch den „Generalvorbehalt der allgemeinen Gesetze" ist unzulässig. Vielmehr ergeben sich die Grenzen der Grundrechtsgeltung nur aus der sachlich-inhaltlichen Begrenztheit der jeweiligen Normbereiche, aus den positiv normierten unterschiedlichen Schrankenvorbehalten sowie aus kollidierendem (gleichrangigem) Verfassungsrecht[210].

---

[210] Vgl. BVerfGE 28, 243, 261; 30, 173, 193; 35, 79, 112; grundsätzlich: *Müller,* a.a.O. (Anm. 82), S. 11 ff., 21 ff., 40 ff. — Nicht nur unter diesem Gesichtspunkt abwegig ist die in einer Schweizer Dissertation vertretene Auffassung, „Staatsnotwehr in naturrechtlicher Begründung (sei) grundsätzlich als Eingriffsgrundlage für den Bereich der politischen Programmgestaltung anzuerkennen"; vgl. *Engel,* a.a.O. (Anm. 127), S. 132.

3. Möglichkeiten der Beschränkung der subjektiven Rechte

Besondere Grundrechtsschranken lassen sich heute auch nicht mehr aus einem „Besonderen Gewaltverhältnis" ableiten, in dem die Rundfunkmitarbeiter stünden. Für die Rechtsverhältnisse der Beamten, Schüler, Studenten, Strafgefangenen und Soldaten hatte die h. M. bis vor nicht allzu langer Zeit die Auffassung vertreten, daß Grundrechtseingriffe zulässig seien, auch wenn die verfassungsrechtlichen Voraussetzungen wie: Vorliegen eines Gesetzesvorbehalts, Einhaltung des Bestimmtheits-, Zitier- und Verkündungsgebots nicht gegeben waren. Diese Auffassung stellte einen eklatanten Verstoß gegen Art. 1 Abs. 3 GG und das — in verschiedenartiger Schrankenziehung bestehende — System des Grundrechtsteils des Grundgesetzes dar. Das Bundesverfassungsgericht hat demgemäß im Strafvollzugs-Beschluß vom 14. März 1972 entschieden, daß das „Besondere Gewaltverhältnis" als eine „eigenständige, implizite Beschränkung der Grundrechte" nicht mehr anerkannt werden kann[211]. Diese Entscheidung hat breite Zustimmung gefunden[212] und sich inzwischen auch in der verwaltungsgerichtlichen Rechtsprechung durchgesetzt[213].

3.2. Die Schranken der Art. 8 und 9 Abs. 1 GG

Gemäß Art. 8 GG können *Versammlungen* in geschlossenen Räumen nur dann beschränkt werden, wenn sie nicht friedlich verlaufen oder wenn sie mit Waffen abgehalten werden. Versammlungen unter freiem Himmel können dagegen „durch Gesetz oder auf Grund eines Gesetzes beschränkt werden". Ein Gesetz, auf das sich die Rundfunkanstalt berufen könnte, um einem Mitarbeiter die Teilnahme an einer Versammlung zu untersagen, existiert nicht. Die Rundfunkanstalt ist auch keine zuständige Behörde im Sinn des § 15 VersG, da hierzu nach den Ausführungs- und Durchführungsvorschriften der Länder zum Versammlungsgesetz nur die Polizei- und Ordnungsbehörden zählen[214]. Ebenso klar ist die Rechtslage für die Vereinigungsfreiheit; es genügt ein Blick auf den Wortlaut des Art. 9 Abs. 2 GG: Lediglich „Vereinigungen, deren Zwecke oder deren Tätigkeit den Strafgesetzen zuwiderlaufen oder die sich gegen die verfassungsmäßige Ordnung oder gegen den Gedanken der Völkerverständigung richten, sind verboten"[215].

---

[211] BVerfGE 33, 1, 10 ff.

[212] Vgl. *H.-U. Erichsen*, in: VA Band 63 (1972), S. 444; *Erichsen/Martens*, in: Allgemeines Verwaltungsrecht (Hrsg.: H.-U. Erichsen, W. Martens), Berlin 1975, S. 167; *E.-W. Fuß*, in: DÖV 1972, S. 765 ff.; *H. Müller-Dietz*, in: NJW 1972, S. 1162; *H. H. Rupp*, in: JuS 1975, S. 613; *C. Starck*, in: JZ 1972, S. 360. — A. A.: *E. Forsthoff*: Lehrbuch des Verwaltungsrechts, Erster Band: Allgemeiner Teil, 10. Aufl., München 1973, S. 128 Fn. 1.

[213] Vgl. zuletzt BVerwGE 47, 194, 198; 47, 201, 204.

[214] Vgl. *Dietel / Gintzel:* Demonstrations- und Versammlungsfreiheit, 2. Aufl., Köln, Berlin, Bonn, München 1970, § 5 Rdnr. 32.

[215] Aus der Spezialliteratur vgl. z. B. *P. v. Feldmann:* Vereinigungsfreiheit

3.3. Die Schranken der „allgemeinen Gesetze" (Art. 5 Abs. 2 GG)

Das komplexere Problem liegt bei der Beschränkung des Art. 5 Abs. 1 GG durch die „allgemeinen Gesetze" (Art. 5 Abs. 2 GG). Die Interpretation dieser Klausel ist umstritten und überkreuzt sich teilweise mit dem Problem der Drittwirkung der Grundrechte. Während die Frage der Beziehung zwischen Arbeits- bzw. Dienstverhältnis und privater politischer Meinungsäußerung bei Beamten und Angestellten im öffentlichen und im nicht-öffentlichen Dienst vielfach parallel verläuft, sind die jeweils anzuwendenden Normenbestände nach Rang, Adressaten und inhaltlicher Ausgestaltung ganz verschieden. Eine Lösung in dem einen Bereich hat stets die Folgerungen für die anderen Bereiche im Auge zu behalten.

3.3.1. Der Begriff der „allgemeinen Gesetze"

„Allgemeine Gesetze" im Sinn des Art. 5 Abs. 2 GG sind nur die Gesetze, die sich nicht gegen die durch Art. 5 Abs. 1 GG geschützten Rechtsgüter als solche richten, die also kein Sonderrecht gegen die Meinungsfreiheit und die übrigen Grundrechte des Abs. 1 schaffen[216]. Ein typisches „allgemeines Gesetz" im Umkreis der hier diskutierten Probleme ist etwa die Kündigungsbefugnis des Arbeitgebers nach den §§ 620 ff. BGB. Dieses Gesetz ist *„allgemein"*, weil es sich nicht gegen die Meinungsfreiheit als solche richtet. Dementsprechend ist auch eine Kündigung, die aus Anlaß einer Meinungsäußerung des Arbeitnehmers erfolgt, jedenfalls im Prinzip durch Art. 5 Abs. 2 GG gedeckt. Differenziert man die Funktionen eines Grundrechts nach den Kriterien: Anknüpfungspunkt, Sanktion und Maßstäblichkeit[217], so bedeutet das: Die Wertung, die §§ 620 ff. BGB stellten ein „allgemeines Gesetz" im Sinn des Art. 5 Abs. 2 GG dar, führt dazu, daß hierauf gestützte Maßnahmen an von Art. 5 Abs. 1 GG geschützte Tatbestände *anknüpfen* und *Sanktionen* (sei es auch nur indirekter Art) verhängen dürfen. *Dagegen bedeutet das Vorliegen eines „allgemeinen Gesetzes" nicht, daß Art. 5 Abs. 1 GG schon seine Maßstäblichkeit verloren hat.* Dieser Gesichtspunkt wird in der ständigen Rechtsprechung des Bundesverfassungsgerichts angesprochen, wonach die *gegenseitige Beziehung zwischen Grundrecht und allgemeinem Gesetz nicht als einseitige Beschränkung der Geltungskraft des Grundrechts durch die allgemeinen Gesetze* aufzufassen ist. Vielmehr findet eine „Wechselwirkung" in dem Sinn statt, daß die allgemeinen Gesetze dem

---

und Vereinigungsverbot, München 1972; *C. Gastroph:* Die politischen Vereinigungen, Berlin 1970.

[216] Vgl. BVerfGE 7, 198, 209 f.; 28, 175, 185 f.; *Hesse,* a.a.O. (Anm. 20), S. 163; zusammenfassend: *E. Schwark:* Der Begriff der „Allgemeinen Gesetze" in Artikel 5 Absatz 2 des Grundgesetzes, Berlin 1970, S. 45 ff., 130 ff.

[217] Dazu *Müller,* a.a.O. (Anm. 82), S. 95.

Wortlaut nach zwar dem Grundrecht Schranken setzen, daß sie aber ihrerseits aus der Erkenntnis der wertsetzenden Bedeutung dieses Grundrechts im freiheitlichen demokratischen Staat auszulegen und so in ihrer das Grundrecht begrenzenden Wirkung selbst wieder einzuschränken sind[218].

Schließlich muß es sich um allgemeine „*Gesetze*" handeln, also um Normen des objektiven Rechts. Einerseits sind damit nur solche Normen gemeint, die unterhalb der Verfassung stehen; andererseits braucht es sich nicht um Gesetze im formellen Sinn zu handeln. Ausreichend ist jedes Gesetz im materiellen Sinn, also auch eine Rechtsverordnung oder eine Satzung[219].

3.3.2. Die arbeitsrechtliche Treuepflicht

Die arbeitsrechtliche Treuepflicht kann schon aus diesem Grund kein „allgemeines Gesetz" im Sinn des Art. 5 Abs. 2 GG sein. Sie ist im vorliegenden Zusammenhang lediglich eine dogmatische, in keinem Normtext enthaltene Figur, die ganz allgemein bestimmte Pflichten im Arbeitsverhältnis bezeichnet[220]. Dogmatische Figuren sind aber keine Rechtsnormen. Positiv-rechtlich verankert war die Treuepflicht in § 2 Abs. 2 des Gesetzes zur Ordnung der nationalen Arbeit vom 20. Januar 1934[221], das aber (verständlicherweise) nicht mehr gilt. Es hieß dort, daß die „Gefolgschaft" dem „Führer des Betriebes die in der Betriebsgemeinschaft begründete Treue zu halten" hatte. Allerdings sieht das Bundesarbeitsgericht auch Verträge und insbesondere die „arbeitsvertragliche Treuepflicht" bzw. die „Grundregeln über das Arbeitsverhältnis" als „allgemeine Gesetze" an[222]. Diese Rechtsprechung ist aber vor dem Hintergrund der früher vom Bundesarbeitsgericht vertretenen These einer unmittelbaren Drittwirkung der Grundrechte zu sehen, die sowohl vom Bundesverfassungsgericht als auch von der ganz überwiegenden verfassungsrechtlichen Lehre zurückgewiesen worden ist. Für das Bundesarbeitsgericht, das unzutreffend eine Kollision zwischen dem Grundrecht der Meinungsfreiheit und den Bestimmungen des Arbeitsvertrags konstruiert, bilden die „allgemeinen Gesetze" sozusagen den Rettungsanker im po-

---

[218] So grundlegend BVerfGE 7, 198, 207 ff.

[219] Vgl. *G. H. Kemper:* Pressefreiheit und Polizei, Berlin 1964, S. 68; *Schwark,* a.a.O. (Anm. 216), S. 132 f.; *L. Voll:* Meinungsfreiheit und Treuepflicht, Frankfurt/M. 1975, S. 34; *Wenzel,* a.a.O. (Anm. 31), S. 93.

[220] Zur dogmatischen Entwicklung und zum heutigen Meinungsstand vgl. zuletzt *Voll,* a.a.O. (Anm. 219), S. 11 ff., 30 ff., 107 ff.

[221] RGBl. I S. 45.

[222] Vgl. BAG in: AP Nr. 2 zu § 13 KSchG; AP Nr. 1 zu Art. 5 Abs. 1 GG Meinungsfreiheit; AP Nr. 4 zu § 13 KSchG; NJW 1973, S. 77; das arbeitsrechtliche Schrifttum folgt dem weitgehend; speziell für den öffentlichen Dienst so auch *Kirschner,* a.a.O. (Anm. 42), S. 71 ff.

3.3. Die Schranken der „allgemeinen Gesetze" (Art. 5 Abs. 2 GG)   73

sitiven Recht, der es ihm ermöglichen soll, zu einem „befriedigenden" Ergebnis zu gelangen. Diese Rechtsprechung ist denn auch grundsätzlich kritisiert worden[223]; sie ist nach dem oben Gesagten in der Tat nicht haltbar.

Es scheidet auch jede Möglichkeit einer gewohnheitsrechtlichen Geltung aus. Gewohnheitsrecht entsteht unbestritten nur durch eine lange und allgemeine *Übung*, die durch eine ebenso allgemeine *Überzeugung* der Beteiligten von ihrer Rechtmäßigkeit getragen sein muß[224]. Die bestrittene Judikatur eines einzelnen der Obersten Gerichtshöfe des Bundes bietet auch nicht im Gewand des „Richterrechts" eine Basis für verbindliche Geltung. Dazu kommt hier noch ein weiterer, ebenso fundamentaler Einwand. Die arbeitsrechtliche „Treuepflicht" ist jedenfalls für das Verfassungsrecht keine allgemein anerkannte und praktizierte Rechtsfigur. Gerade gegenüber der Behauptung ungeschriebener Grundrechtsbegrenzungen ist größte Vorsicht geboten. Es muß dafür klar nachgewiesen werden können, daß es sich um Begrenzungen durch ungeschriebenes *Verfassungs*recht handelt. Im Rechtsstaat des Grundgesetzes dürfen weder „Richterrecht" noch Gewohnheitsrecht in Widerspruch zu ranggleichem oder gar, wie hier, zu ranghöherem geschriebenen Recht treten[225]. Aus diesem doppelten Grund ist es hier ausgeschlossen, die den Rundfunkmitarbeitern positiv eingeräumten Grundrechte als durch dogmatische Begriffe wie „Treuepflicht" gewohnheitsrechtlich oder „richterrechtlich" eingeschränkt zu behaupten.

Wenn nun darüber hinaus die Treuepflicht des Arbeitnehmers als die Pflicht definiert wird, „alles das zu unterlassen, was sich für den Betrieb schädlich auswirken oder in sonstiger Weise den berechtigten Interessen des Arbeitgebers entgegenstehen könnte"[226], dann wird eine maßgebliche Tendenz im neueren Arbeitsrecht übersehen, die eine Begrenzung dieser „offensichtlich... fahrlässig zu weit gefaßten Formel"[227] anstrebt. In diesem Sinn ist auf die neuere Differenzierung und Versachlichung der arbeitsrechtlichen Treuepflicht hinzuweisen, auf die „funktionelle" und „typisierende" Betrachtungsweise arbeitsvertraglicher Pflichten[228]. Auch in der jüngeren Rechtsprechung des Bundesarbeitsgerichts gibt es nun-

---

[223] Vgl. *K. Larenz*, in: AP Nr. 2 zu Art. 5 Abs. 1 GG Meinungsfreiheit, Bl. 13; *T. Ramm*, in: JZ 1064, S. 584; *Schwark*, a.a.O. (Anm. 216), S. 92 f.; *P. Schwerdtner*, in: JZ 1973, S. 380.

[224] Vgl. zusammenfassend mit Nachweisen: *F. Ossenbühl*, in: Allgemeines Verwaltungsrecht (Hrsg.: H.-U. Erichsen, W. Martens), München 1975, S. 51 ff., besonders S. 90 f.; zum „Richterrecht" ebd., S. 93 ff.

[225] Vgl. hierzu zusammenfassend: *Hesse*, a.a.O. (Anm. 20), S. 131, 207.

[226] *E. W. Fuhr*, in: AfP 1975, Heft 1, S. 736 im Anschluß an *Bobrowski / Gaul*: Das Arbeitsrecht im Betrieb, 5. Aufl., Heidelberg 1965, S. 287.

[227] *K. Ballerstedt*, in: Festgabe für Otto Kunze, Berlin 1969, S. 47.

[228] Vgl. die ausführliche Darstellung bei *Voll*, a.a.O. (Anm. 219), S. 124 ff., 162 f.

mehr Ansätze in dieser Richtung. So hat das Gericht z. B. entschieden, der friedliche Betriebsablauf sei erst dann gestört, wenn das Verteilen einer Zeitung und die daraus folgende Diskussion während der Arbeitsvorgänge geschehen und wenn diese dadurch beeinträchtigt werden[229]. In denselben Zusammenhang gehört die Tendenz zur weitgehenden Ausgrenzung der Privatsphäre aus dem Bereich arbeitsvertraglicher Pflichten[230].

3.3.3. Tendenzbetrieb

Geradezu leichtfertig wird z. B. bei *Fuhr* mit den Begriffen der „Tendenz" und des „tendenzbestimmten Betriebs" umgegangen. Es ist festzuhalten, daß diese Begriffe de lege lata ausschließlich im Betriebsverfassungsrecht gelten. Nach § 118 Abs. 1 BetrVG sind auf Unternehmen und Betriebe, die unmittelbar und überwiegend u. a. „Zwecken der Berichterstattung oder Meinungsäußerung, auf die Art. 5 Abs. 1 S. 2 des Grundgesetzes Anwendung findet, dienen", bestimmte Vorschriften des Gesetzes nicht oder nur bedingt anwendbar. Im Individualarbeitsrecht bezieht sich keine gesetzliche Regelung auf den Tendenzbetrieb. Es ist daher sogar bezweifelt worden, ob mit diesem Begriff im Individualarbeitsrecht überhaupt zulässigerweise operiert werden darf[231]. Wenn dies trotzdem geschieht, dann ist das insofern sachlich berechtigt, als die Arbeitsverhältnisse im Bereich der Tendenzbetriebe gewisse übereinstimmende Merkmale aufweisen und so einem einheitlichen Typus zurechenbar sind. Wenn es dann, wie bei der Kündigung, entscheidend auf die konkrete Gestaltung des Arbeitsverhältnisses ankommt, lassen sich die Besonderheiten dieser Arbeitsverhältnisse zum Teil verallgemeinern und unter dem Sammelbegriff des „Tendenzbetriebs" *dogmatisch* systematisieren. Der Satz etwa, daß in einem Tendenzunternehmen unter erleichterten Voraussetzungen gekündigt werden kann, beschreibt diesen dogmatischen Typus, ist jedoch nicht eine normative Aussage. Man darf die betriebsverfassungsrechtliche Sonderstellung der Tendenzbetriebe nicht „in eine kündigungsschutzrechtliche Sonderstellung transponieren" und so aus dem Tendenzbetrieb „eine materiell-rechtliche Abstraktion" machen[232]. Es gilt also nicht: Weil der Arbeitgeber mit seinem Betrieb eine bestimmte Tendenz verfolgt, „sind an die arbeitsrechtliche Treuepflicht besonders weitgehende Anforderungen zu stellen"[233]; sondern umgekehrt: Weil aus der Art des Arbeitsverhältnisses in der Presse, bei Reli-

---

[229] Vgl. BAG in: AP Nr. 3 zu § 1 GesamthafenbetriebsG.
[230] Vgl. *T. Mayer-Maly*, in: AuR 1968, S. 8, 12; *Voll*, a.a.O. (Anm. 219), S. 129 f.
[231] Nachweise bei *E. Frey:* Der Tendenzbetrieb, Heidelberg 1959, S. 143 ff., 163 ff.
[232] *Frey*, a.a.O. (Anm. 231), S. 166.
[233] So aber *Fuhr*, in: AfP 1975, Heft 1, S. 736, im Anschluß an LAG Hamburg, in: Der Betrieb 1974, S. 2406.

3.3. Die Schranken der „allgemeinen Gesetze" (Art. 5 Abs. 2 GG)

gionsgemeinschaften, bei Gewerkschaften und politischen Parteien usw. gewisse weitergehende Bindungen persönlicher Art als bei anderen Arbeitgebern folgen können, sind dogmatische Aussagen für Tendenzbetriebe möglich.

Ganz abgesehen von *Fuhrs* methodisch ungenauem Ausgangspunkt, können die Rundfunkanstalten überhaupt nicht als „Tendenzbetriebe" bezeichnet werden. *„Neutralität" ist geradezu ein Gegensatz von „Tendenz". Wie gezeigt worden ist, kann Neutralität (Objektivität, Überparteilichkeit) auf verschiedene Weise erreicht werden, nämlich entweder reduktiv, als maßstabsgerechte Verkürzung aller relevanten Dimensionen der Realität; oder additiv, als überindividuelle, sektoral zusammengesetzte Rekonstruktion der Realität[234]. In keinem Fall ist es die Aufgabe einer Rundfunkanstalt, eine Tendenz zu verfolgen.* Dementsprechend wird auch in der Literatur zu § 118 BetrVG die Meinung vertreten, daß zwar mehrere Zwecke nebeneinander verfolgt werden können, daß diese sich aber nicht widersprechen dürfen, da „das zur Neutralisierung, also zur Tendenzaufhebung" führe: „Wegen Tendenzlosigkeit besteht dann kein Tendenzschutz[235]."

Hinzu kommt ein weiteres: Die Rundfunkanstalten fallen als Anstalten des öffentlichen Rechts nach seinem § 130 nicht unter das Betriebsverfassungsgesetz. Vielmehr gelten durchweg die Personalvertretungsgesetze[236]. In deren Bereich gibt es aber keine dem § 118 Abs. 1 BetrVG vergleichbare Tendenzvorschrift[237]. Die Mitwirkungs- und Mitbestimmungsrechte im öffentlichen Dienst sind demnach auch in dem von den Tatbestandsmerkmalen des § 118 Abs. 1 BetrVG erfaßten Bereich nicht eingeschränkt. Nach § 95 Abs. 1, 2. Halbs. BPersVertrG können die Länder zwar für Angehörige von Rundfunk- und Fernsehanstalten eine besondere Regelung vorsehen; ratio legis ist jedoch nicht irgendeine Art von Tendenzschutz, sondern die aus ihrer „Staatsferne" resultierende besondere Organisationsstruktur der Rundfunkanstalten[238].

3.3.4. Das Direktionsrecht des Intendanten

Schon oben wurde gezeigt, daß die „Treuepflicht" kein „allgemeines Gesetz" darstellt. Der gleiche Einwand wie gegen die Treuepflicht läßt

---

[234] Vgl. oben 2.2.3.2.

[235] *E. Frey:* Der Tendenzschutz im Betriebsverfassungsgesetz 1972, Heidelberg 1974, S. 32; a. A.: *K. Mathy,* in: AfP 1974, Heft 3, S. 680.

[236] Dazu schon oben 2.4.1. mit Fn. 189.

[237] Etwas anderes gilt nur für die Beschäftigten der Religionsgemeinschaften.

[238] Nur am Rand sei noch darauf hingewiesen, daß auch in diesem Argumentationszusammenhang *Fuhrs* Prämissen sein Ergebnis nicht tragen (AfP 1975, Heft 1, S. 736 r. Sp. und S. 737 r. Sp.): Aus der Tendenzbindung folge für den Arbeitnehmer, „daß er in Ausübung seiner dienstlichen Tätigkeit jede tendenzwidrige Kundgabe zu unterlassen hat"; später wird von ihm jedoch im

3. Möglichkeiten der Beschränkung der subjektiven Rechte

sich gegen das Direktionsrecht des Arbeitgebers erheben, das zum Teil als „allgemeines Gesetz" im Sinn des Art. 5 Abs. 2 GG angesehen wird[239]. Dabei ist es sogar schon im Arbeitsrecht grundsätzlich umstritten, ob das Direktionsrecht überhaupt das Verhalten außerhalb des Betriebes umfaßt[240]. Der § 30 Abs. 2 des Entwurfs eines allgemeinen Arbeitsvertragsgesetzes von 1923, der bestimmte, der Arbeitgeber könne Anweisungen über das Verhalten des Arbeitnehmers außerhalb des Betriebs nicht wirksam erteilen, es sei denn, daß sie durch Rücksicht auf die Arbeitsleistung gerechtfertigt sind, ist allerdings nicht Gesetz geworden. Diese Fragen brauchen hier aber nicht verfolgt zu werden. Denn für Arbeitnehmer im *privaten* Bereich stellt sich das Problem des Art. 5 Abs. 2 GG nicht, da Art. 5 Abs. 1 GG keine Drittwirkung entfaltet[241]. Für Angestellte im *öffentlichen* Dienst ist je nach dem Inhalt ihres Arbeitsvertrages und der entsprechenden Bezugnahme auf Tarifvertragsrecht ein möglicher Verzicht auf eine bestimmte Grundrechtsausübung zu untersuchen. Im Bereich der *Angestellten der Rundfunkanstalten* ist das Direktionsrecht des Intendanten in dessen Geschäftsführungsbefugnis positiviert[242]. Diese ist ein „allgemeines Gesetz" mit der Folge, daß die ersten beiden Schutzrichtungen des Art. 5 Abs. 1 GG, nämlich Anknüpfungsverbot und Sanktionsverbot zu sein, nicht eingreifen. *Es bleibt jedoch, wie gesagt*[243], *bei der Maßstäblichkeit des Art. 5 Abs. 1 GG*. Sie bedeutet, daß die Zulässigkeit der „allgemeinen Gesetze" sich nur aus der Verfolgung bestimmter, nicht gegen die Meinungsäußerung als solche gerichteter Zwecke ergibt und *von daher ihrerseits beschränkt* ist. Das arbeitsrechtliche Direktionsrecht ist von der Rechtsordnung anerkannt, um das Funktionieren der Produktionsvorgänge zu ermöglichen; nicht aber, um die Meinungsäußerungsfreiheit der Arbeitnehmer zu schmälern. *Zwar darf das arbeitsrechtliche Direktionsrecht grundsätzlich auch zu einer faktischen Beschränkung der Meinungsäußerungsfreiheit führen; aber eben nur dann, wenn dies aus den innerbetrieblichen Gründen, um derentwillen es verliehen ist, zwingend erforderlich wird.*

Gegensatz dazu auf die *außerdienstlichen* Aktivitäten im Wahlkampf oder zugunsten von Wählerinitiativen abgehoben.

[239] Vgl. z. B. Maunz / Dürig / *Herzog*, a.a.O. (Anm. 7), Art. 5 Rdnr. 168.

[240] Vgl. die Nachweise bei *T. Mayer-Maly*, in: AuR 1968, S. 10 f.; ebd. zum folgenden.

[241] Vgl. oben 2.1.3.

[242] Art. 12 Abs. 2 Satz 1 BR-G; Art. 7 Abs. 1 Satz 1 BR-S; § 13 Abs. 2 Satz 1 DW/DLF-G; § 13 Abs. 1 Satz 3 DLF-S; § 16 Abs. 3 HR-G; § 14 Abs. 3 HR-S; § 17 Abs. 1 NDR-StV; Art. 33 NDR-S; § 13 Abs. 2 RB-G; § 27 Abs. 1 SR-G; § 11 Abs. 1 Satz 1 SFB-S; § 8 Abs. 5 SDR-S; § 14 Abs. 1 Satz 1 SWF-StV; Art. 23 Abs. 1 SWF-S; § 21 Abs. 1 WDR-G; §§ 26 Abs. 1 Satz 1, 27 WDR-S; § 20 Abs. 1 Satz 2 ZDF-StV; § 17 Abs. 2 ZDF-S.

[243] Vgl. oben 3.3.1. mit Fn. 217, 218.

3.3. Die Schranken der „allgemeinen Gesetze" (Art. 5 Abs. 2 GG)   77

Diese Sicht trifft sich in der Sache mit der ständigen Rechtsprechung des Bundesarbeitsgerichts, wonach eine politische Meinungsäußerung eines Arbeitnehmers nur dann eine Kündigung rechtfertigt, wenn das Arbeitsverhältnis „konkret" berührt ist[244]. Wirkt sich dagegen die politische Meinungsäußerung betrieblich nicht aus, hat sie als Kündigungsgrund außer Betracht zu bleiben. Statt zu einer abstrakten Abwägung kommt das Bundesarbeitsgericht zutreffend zu einer differenzierenden Untersuchung der Pflichten im Einzelarbeitsverhältnis, bei der es u. a. auf die Stellung des Arbeitnehmers im Betrieb und auf die Art der Organisation der Zusammenarbeit ankommen kann[245].

3.3.4.1. Eingriffe in private Freiheitsausübung

Legt man neben der hier gleichgerichteten Judikatur des Bundesverfassungsgerichts zur grundrechtlichen „Wechselwirkung" auch dieses Kriterium der „konkreten Berührung des Arbeitsverhältnisses" zugrunde, so ist nicht erkennbar, inwiefern der Rundfunkjournalist durch politische Meinungsäußerung und durch Tätigkeit der erörterten Art seine Pflichten aus dem Arbeitsverhältnis beeinträchtigen sollte. Weder der äußere betriebliche Ablauf noch der inhaltliche Aufgabenvollzug der Rundfunkanstalt wird durch eine außerdienstliche Meinungsäußerung beeinträchtigt[246]. Daß die einzelnen Rundfunkjournalisten eine bestimmte politische Auffassung haben, ist nicht nur selbstverständlich und legitim; die Äußerung der politischen Meinung wird darüber hinaus im Bereich der *Kommentarsendungen* für die Erfüllung der dienstlichen Aufgaben nutzbar gemacht. Und auch im Bereich der *Nachrichtensendungen* ist aus der Tatsache *außerdienstlicher* Meinungsäußerung und Tätigkeit rechtlich nicht zu schließen, die *dienstliche* Aufgabe, nämlich die eigene politische Auffassung im Bereich der Nachrichtensendungen *nicht* zu offenbaren, könne nicht erfüllt werden. Auf dem Vermögen aller Funktionsträger, dienstlich von außerdienstlich zu trennen, beruht nicht nur die Organisationsstruktur des Rundfunks, sondern der gesamte öffentlich-rechtliche Aufgabenvollzug in der Bundesrepublik Deutschland[247].

Es ist allerdings möglich, daß von den Funktionsträgern in bestimmten Einzelfällen die Leistung der Trennung von Dienst und Freizeit, von amtlichen und privaten Interessen nicht erbracht wird bzw. nicht erbracht werden kann. Dann liegt *Befangenheit* vor. Befangenheit ist in

---

[244] Vgl. BAG in: AP Nr. 28 zu § 66 BetrVG; AP Nr. 57 zu § 626 BGB; AP Nr. 58 zu § 626 BGB; AP Nr. 83 zu § 1 KSchG.
[245] Vgl. BAG in: AP Nr. 58 zu § 626 BGB; AP Nr. 3 zu § 1 GesamthafenbetriebsG.
[246] Übereinstimmend: *Grossmann*, a.a.O. (Anm. 15), S. II ff.
[247] Vgl. dazu auch Arbeitsgericht Saarbrücken, Urteil v. 30. 4. 1973 — 1 Ca 1/72 — und *Grossmann*, a.a.O. (Anm. 15), S. III ff.

den verschiedenen Prozeßordnungen geregelt[248], als Grundsatz aber auch für den Bereich der Verwaltung anerkannt[249]. Befangenheit als Vermischung von amtlichen und privaten Interessen setzt *persönliche Beziehungen* zum Gegenstand des Verwaltungsverfahrens voraus, die auch durch Verfahrensbeteiligte vermittelt werden können. Prinzipiell ist in einem demokratischen Staat jeder Bürger durch eine staatliche Entscheidung mit betroffen und hat jeder Bürger mindestens mittelbar auch ein persönliches Interesse an allen Verwaltungsentscheidungen. Erst jenseits der von und innerhalb einer demokratischen Verfassung eingeräumten Beteiligungsrechte kann daher von „persönlichen Beziehungen" im Sinn der Befangenheit die Rede sein: „Eine Befangenheit liegt immer dann vor, wenn eine Kollision zwischen amtlichen und privaten Interessen den Inhalt einer Verwaltungsentscheidung beeinflussen kann, ohne daß diese Einflußnahme lediglich Ausübung rechtsstaatlicher Mitwirkungsbefugnisse oder Bestandteil demokratischer Willensbildung wäre[250]." Genau um letzteres handelt es sich generell im vorliegenden Zusammenhang; von Befangenheit kann daher hier insofern keine Rede sein.

Die Verknüpfung von Dienst und Freizeit ist in den hier untersuchten Fällen nicht rechtlicher, sondern rein faktischer Natur: Sie liegt in der *personalen Identität* des Rundfunkmitarbeiters mit sich selbst. Für diese Identität darf er aber nach unserer Verfassungsordnung nicht benachteiligt werden; sie wird ihm vielmehr vom Grundgesetz, auch für die freie politische Entfaltung, nachdrücklich gewährleistet. Der Rundfunkmitarbeiter ist im Dienst und außer Dienst unausweichlich derselbe Mensch; er ist mit sich selbst *identisch*. Macht er von seiner Person in einem anderen funktionellen Zusammenhang (Dienst/Freizeit) in dem Sinn „Gebrauch", daß er auf rechtlich zulässige Weise aktiv wird, so hindert ihn sein im Dienst erworbener Bekanntheitsgrad rechtlich nicht daran. *Seine ihm durch publizistische Arbeit zugewachsene Popularität macht als solche aus einer erlaubten noch keine unerlaubte Tätigkeit.* Das ist die Lage nach geltendem Recht. *Anders* kann das Ergebnis nur in einigen anders gelagerten Fällen sein:

(a) Der Rundfunkmitarbeiter nützt — über die bloße Tatsache seiner personalen Identität hinaus — seinen dienstlichen Bekanntheitsgrad durch gezielte Aktion aus, indem er auf seine konkrete Stellung bei seinem konkreten Arbeitgeber hinweist[251], z. B.: „Tagesschausprecher bei der ARD", „Abteilungsleiter beim ZDF" usw. Solche zusätzlichen

---

[248] Vgl. § 18 BVerfGG; § 24 Abs. 2 StPO; § 54 Abs. 3 VwGO; § 42 ZPO.
[249] Hierzu mit weiteren Nachweisen P. *Kirchhof*, in: VA Band 66 (1975), S. 370 ff.
[250] So P. *Kirchhof*, in: VA Band 66 (1975), S. 378.
[251] Vgl. dazu auch E. W. *Fuhr*, in: AfP 1975, Heft 1, S. 738.

3.3. Die Schranken der „allgemeinen Gesetze" (Art. 5 Abs. 2 GG)

Hinweise können unter Einhaltung der rechtlichen Voraussetzungen untersagt werden. Das ergibt sich aus folgendem:

Unterstellt man zunächst einmal, ein derartiger Hinweis sei durch Art. 5 Abs. 1 S. 1 GG geschützt, dann liegt der Fall signifikant anders als bei der bisher betrachteten privaten (außerdienstlichen) Grundrechtsausübung. Es wird nämlich von dem Rundfunkmitarbeiter über die *faktische* Verknüpfung von Dienst und Freizeit, die in seiner personalen Identität begründet liegt, hinaus eine *rechtliche* Verknüpfung hergestellt. Der Dienst wird durch den genannten Hinweis sozusagen in die Freizeit „mitgenommen"; der Rundfunkmitarbeiter tritt nicht nur als private Person, sondern explizit zugleich als Amtsträger auf. Jetzt spielt auch die Rundfunkanstalt nicht nur eine faktische, sondern auch eine rechtliche Rolle: Das rechtliche Bindeglied ist dabei der bestehende Dienstvertrag mit dem Mitarbeiter. Daß diese Rolle nur passiv ist, schadet nichts, da ohne weiteres auch ein rechtliches Interesse daran bestehen kann, nicht in rechtlich relevanter Weise Zurechnungs*objekt* zu werden. Auf diese Weise ist somit der Aufgabenvollzug der Rundfunkanstalt ins Spiel gekommen. Es läßt sich sehr wohl begründen, daß der auf Neutralität ausgerichtete Aufgabenvollzug beeinträchtigt wird, wenn die Rundfunkanstalt *in rechtlich relevanter Weise* im Wahlkampf für eine parteiliche Position in Anspruch genommen wird. *Die Nennung* der Rundfunkanstalt als Arbeitgeber durch den Rundfunkmitarbeiter *im Rahmen seiner parteipolitischen Betätigung* in der Freizeit stellt daher eine „konkrete Berührung des Arbeitsverhältnisses" im Sinn der Rechtsprechung des Bundesarbeitsgerichts dar. Ein hiergegen gerichtetes Verbot wäre kein Verstoß gegen Art. 5 Abs. 1 S. 1 GG.

Es spricht jedoch auch einiges dafür, den Hinweis auf die berufliche Stellung und den konkreten Arbeitgeber nicht als Meinungsäußerung im Sinn des Art. 5 Abs. 1 S. 1 GG anzusehen. Zwar kann im Bereich des Art. 5 Abs. 1 S. 1 GG — wie ausgeführt[252] — nicht strikt zwischen wertender Stellungnahme und bloßer Tatsachenmitteilung unterschieden werden; doch ist für eine Tatsachenmitteilung zu fordern, daß sie „bestimmt ist, Meinungsbildung zu ermöglichen oder zu beeinflussen"[253]. Eine solche Funktion ist bei dem genannten Hinweis möglicherweise zweifelhaft. Er bezieht sich auf ein Faktum, das *als solches* nichts zu dem Meinungsbildungsprozeß beiträgt. Er tut dies allerdings indirekt: So soll etwa die Entscheidung der Bevölkerung bei der Wahl durch das Gewicht und das Ansehen von „Autoritäten" in eine bestimmte Bahn gelenkt werden. Aber auch dann, wenn man diesen Hinweis nicht als durch Art. 5 Abs. 1 S. 1 GG geschützt anse-

---
[252] Vgl. oben 2.1.1. mit Fn. 25 und 2.1.2. mit Fn. 37.
[253] *Hesse*, a.a.O. (Anm. 20), S. 160.

hen will, zeigt sich kein anderes Ergebnis. Dabei sind zwei Argumentationen möglich, die sich danach unterscheiden, ob bei der Nicht-Einschlägigkeit eines speziellen Grundrechts (hier also des Art. 5 Abs. 1 GG) in jedem Fall Art. 2 Abs. 1 GG eingreift, oder ob das nicht der Fall ist.

Nach einer Auffassung im rechtswissenschaftlichen *Schrifttum* sind die Grundrechte kein lückenloses Wert- und Anspruchssystem, sondern punktuelle und abgestufte Gewährleistungen besonderer Lebensbereiche. Art. 2 Abs. 1 GG schützt aus dieser Sicht entweder den „Persönlichkeitskern"[254], oder er betrifft ein „Bündel" benannter Freiheitsrechte mit je umgrenzten Schutzbereichen[255]. Danach wäre der Hinweis, um den es hier geht, nicht grundrechtlich geschützt. Bei entsprechender Rechtsgrundlage, d. h. sofern eine nicht sonst gegen Verfassungs- oder höherrangiges Recht verstoßende, mindestens untergesetzliche Norm (Rechtsverordnung, Satzung) gegeben ist, kann ein solches Verhalten also untersagt werden. Es ist nicht zweifelhaft, daß das in der Geschäftsführungsbefugnis des Intendanten enthaltene Direktionsrecht eine derartige Rechtsgrundlage abgibt.

Nach der Auffassung des *Bundesverfassungsgerichts*[256] und der ihm folgenden h. M. gewährleistet Art. 2 Abs. 1 GG demgegenüber die allgemeine menschliche Handlungsfreiheit. Hiernach gibt es kein menschliches Verhalten, das nicht grundrechtlich erfaßt wäre: Mangels spezieller Gewährleistungen ist stets Art. 2 Abs. 1 GG einschlägig. Im vorliegenden Fall wäre demzufolge ein „Grundrecht darauf, einen Hinweis auf berufliche Stellung und konkreten Arbeitgeber zu äußern", anzunehmen. Aber weit trägt ein solches Grundrecht nicht. Es findet seine Schranken u. a. in der „verfassungsmäßigen Ordnung". Nach der Rechtsprechung des Bundesverfassungsgerichts zu Art. 2 Abs. 1 GG ist hierunter die Gesamtheit aller rechtmäßigen, d. h. nicht wegen eines sonstigen Normverstoßes rechtswidrigen, Rechtsnormen zu verstehen. Dazu gehört auch die in den Rundfunkgesetzen positivierte Geschäftsführungsbefugnis und mit ihr das Direktionsrecht des Intendanten. — Wie man es auch rechtsdogmatisch faßt, das Ergebnis bleibt stets dasselbe: Die genannten Hinweise auf berufliche Stellung und auf die Rundfunkanstalt als Arbeitgeber *können* vom Intendanten den Rundfunkmitarbeitern rechtlich zulässig untersagt werden.

(b) In diesen Zusammenhang gehört auch die oben genannte Fallgruppe „Wahlkampf *bei Gelegenheit* der Erfüllung dienstlicher Aufgaben".

---

[254] Vgl. *Hesse*, a.a.O. (Anm. 20), S. 173 ff., mit Nachweisen.
[255] Vgl. *W. Schmidt*, in: AöR Band 91 (1966), S. 48 ff., 75 ff.
[256] Ständige Rechtsprechung seit BVerfGE 6, 32 ff.

3.3. Die Schranken der „allgemeinen Gesetze" (Art. 5 Abs. 2 GG)

Agitiert etwa der Funkmitarbeiter „am Rande" einer Filmaufnahme für seine Partei, tut er es in den Räumen seiner Funkanstalt während einer Arbeitspause usw., so nutzt er — über die bloße Tatsächlichkeit seiner Identität mit sich selbst hinaus — seine Funktion bzw. die Sach- (und ggf. auch Personal-)Mittel der Rundfunkanstalt für seine politische Aktivität aus. Es sind dies in gleicher Weise verbietbare bzw. — je nach der Art der fraglichen Funktionserfüllung — bereits die Grenzen der Rundfunkfreiheit des Mitarbeiters überschreitende, aber die (private) Meinungsfreiheit wegen des unmittelbaren Zusammenhangs mit dem Dienst noch nicht betreffende Aktivitäten. Sie sind aufgrund des Sachzusammenhangs sozusagen als faktisch gesteigerte, als verstärkte „Hinweise" auf die dienstliche Funktion und damit zugleich als gesteigert unzulässige Vermischung von Dienst und Freizeit zu bewerten.

(c) Wiederum anders läßt sich die Lage *rechtspolitisch* einschätzen. Wenn die Verantwortlichen eine *Politisierung des Rundfunks* vermeiden und z. B. eine Lösung hierfür i. S. der ZDF-Anweisung vom Januar 1975 durchsetzen wollen und können, so ist das in den verfassungsrechtlichen Grenzen durchaus möglich: durch kompetenzgemäße (Art. 70 ff., 30 GG) Parlamentsgesetze, die „allgemeine Gesetze" i. S. des Art. 5 Abs. 2 GG sind, die den Anforderungen von Art. 19 Abs. 1 und Abs. 2 GG genügen und auch im übrigen nicht gegen Bundes- und Landesverfassungsrecht verstoßen.

Bevor solche rechtspolitischen Überlegungen auf verfassungsmäßige Weise geltendes Recht geworden sind, bleibt es bei der bisherigen Rechtslage. Diese hat zum *Ergebnis: Das Direktionsrecht des Intendanten berechtigt nicht dazu, dem Rundfunkjournalisten das außerdienstliche Ausüben der Freiheitsrechte aus Art. 5 Abs. 1, Art. 8 und 9 Abs. 1 GG zu untersagen.*

3.3.4.2. Eingriffe in dienstliche Freiheitsausübung

Die freie Meinungsäußerung kann nicht nur durch ein direktes Verbot beeinträchtigt werden, sondern auch durch andere Maßnahmen, Eingriffe, Sanktionen, die den, der die Meinung geäußert hat oder äußern möchte, belasten. Das zeigt sich deutlich an der Kündigung, die ja als solche die Meinungsäußerung nicht verhindert und sie auch nicht nachträglich aus der Welt schaffen kann; gerade an Kündigungsfällen ist aber die dargestellte, den Art. 5 Abs. 1 S. 1 GG in seiner Maßstäblichkeit beachtende Rechtsprechung des Bundesarbeitsgerichts entwickelt worden. Das bedeutet: die normative Begrenzung, die das allgemeine arbeitsrechtliche Direktionsrecht durch Art. 5 Abs. 1 S. 1 GG erfährt, erstreckt sich auf alle Fallgestaltungen, in denen die Meinungsfreiheit beeinträchtigt werden kann. Sie gilt also auch dann, wenn sich die auf das Direktionsrecht gestützte Maßnahme nicht direkt[257], sondern indirekt belastend auf die Äußerung einer Meinung auswirkt. Wenn eine private Meinungsäußerung das Arbeitsverhältnis nicht konkret berührt, darf diese Meinungsäußerung auch nicht Anknüpfungspunkt für belastende Maßnahmen innerhalb des Arbeitsverhältnisses sein[258]. Beispielsweise darf eine Versetzung des Rundfunkangestellten wohl aus zwingenden betrieblichen Gründen, nicht aber aus Gründen einer sein Arbeitsverhältnis nicht konkret berührenden privaten Meinungsäußerung bzw. politischen Tätigkeit erfolgen. Was für den *Ort* der Beschäftigung gilt, hat auch für die *Art* der Beschäftigung und für das *Recht* auf Beschäftigung zu gelten. Der oben dargestellte vertragliche Beschäftigungsanspruch ist insoweit nur die positive Kehrseite der soeben definierten Begrenzung des arbeitsrechtlichen Direktionsrechts.

Eine sich im Innern der Rundfunkanstalt auswirkende, die kommunikationsspezifische Tätigkeit des Rundfunkjournalisten beschränkende und nicht durch die Programmgestaltungsbefugnis oder durch das arbeitsrechtliche Direktionsrecht gedeckte Maßnahme verstößt im übrigen auch gegen Art. 5 Abs. 1 S. 2 GG.

3.4. Die Beschränkung der Rechte des Intendanten als „Person"

Die Rechtsstellung des Intendanten als „Amtswalter" ist in ihren verschiedenen Ausprägungen zur Sprache gekommen[259]. Daneben ist selbstverständlich auch der Intendant private Person. In dieser Rolle stehen ihm wie den ihm dienstlich untergebenen Rundfunkmitarbeitern und wie allen andern Bürgern die Grundrechte zu freier politischer Betätigung zu. In seiner Freizeit hat auch der Intendant das Recht zu freier Meinungsäußerung und -verbreitung (Art. 5 Abs. 1 S. 1 GG), das Recht, sich frei zu versammeln (Art. 8 GG), das Recht, sich zu Vereinigungen zusammenzuschließen (Art. 9 GG) sowie das aktive und passive Wahlrecht (Art. 38 GG)[260]. Es ist noch zu prüfen, ob er hierbei besonderen Schranken unterworfen ist. Dabei ist im Auge zu behalten, daß sich eine solche Prüfung wiederum nur auf die *Rechtslage* bezieht, nicht aber berufsethische bzw. Stilfragen erörtert.

---

[257] Gegen direkt belastende Maßnahmen können Ansprüche auf Beseitigung, Widerruf und Unterlassung geltend gemacht werden, in deren Rahmen Art. 5 Abs. 1 GG mit seiner Komponente „Maßstäblichkeit" wirkt; vgl. zu den zivilrechtlichen Konstellationen *Voll*, a.a.O. (Anm. 219), S. 136 f., 149.

[258] Übereinstimmend: *Grossmann*, a.a.O. (Anm. 15), S. II, IV, der betont, daß aus der Beteiligung am Wahlkampf keine negativen Konsequenzen für die dienstliche Beschäftigung gezogen werden dürfen.

[259] Vgl. oben 2.2.2. mit Fn. 112, 2.2.3.4., 3.3.4. mit Fn. 242.

[260] Vgl. hierzu besonders oben 2.1.2., 2.3.2., 2.3.3.

3.4. Die Beschränkung der Rechte des Intendanten als "Person"

Aus der Neutralitätspflicht und Programmgestaltungsbefugnis folgt für den Intendanten die Aufgabe, für die Einhaltung eines additiv und restriktiv objektiven Rundfunkprogramms zu sorgen. In dieser Funktion und mit den daraus folgenden Spezifikationen hat auch der Intendant bei der Erfüllung seiner (Dienst-)Aufgaben das Grundrecht der Rundfunkfreiheit. Wie ausgeführt, wirken sich die für die Rundfunkfreiheit einschlägigen Normbereichselemente nur bei der Rundfunkfreiheit aus und können nicht *als solche* andere Verfassungsnormen, wie z. B. die Meinungsfreiheit, begrenzen. Eine von Verfassungs wegen festgelegte Art der *Wahrnehmung dienstlicher Aufgaben* impliziert nicht per se eine Verkürzung grundrechtlicher Garantien in der *Freizeit*. Anders wäre es nur dann, wenn Abweichendes im Unterverfassungsrecht normiert wäre und über die Gesetzesvorbehalte der Grundrechte, z. B. über Art. 5 Abs. 2 GG, die Verfassungsnorm legal einschränken könnte. Für die Rundfunkmitarbeiter war hier als einziges de lege lata einschlägiges „allgemeines Gesetz" das in der Geschäftsführungsbefugnis positivierte Direktionsrecht des Intendanten herausgearbeitet worden; dieses scheidet für den Intendanten *selbst* naturgemäß aus. Der Intendant unterliegt jedoch seinerseits der Kontrolle durch andere Rundfunkorgane, deren unterschiedliche Zuordnung und Intensität bereits dargestellt worden sind[261]. Auch soweit danach Rundfunkorgane das Recht haben, dem Intendanten Einzelweisungen zu erteilen, sind sie — wie auch bei den sonstigen Aufsichtsrechten — auf eine Kontrolle der Rechtmäßigkeit des Handelns des Intendanten beschränkt. Da eine politische Aktivität in der Freizeit nicht rechtswidrig ist, eröffnet sich auf diesem Weg keine Möglichkeit, die (privaten) Rechte des Intendanten zu beschränken.

Schließlich läßt sich noch fragen, ob eine politische Aktivität des Intendanten in seiner Freizeit einen berechtigten Grund für eine Abberufung (Entlassung, Kündigung) durch die Aufsichtsorgane gibt[262]. Hier ist danach zu unterscheiden, ob die Abberufung an besondere normative Kriterien gebunden ist oder nicht. Soweit die Abberufung einen wichtigen Grund voraussetzt[263], kann der Intendant nicht wegen rechtmäßigen Verhaltens abberufen werden; denn als wichtiger Grund gilt insbesondere die vorsätzliche oder grob fahrlässige Veranlassung oder Duldung von Sendungen, die die gesetzlich festgelegten Programmgrundsätze verletzen[264]. Soweit dagegen die Abberufung bzw. der Verzicht auf die

---

[261] Vgl. oben 2.2.3.4. mit Fn. 139 - 144.

[262] Ausführliche Darstellung des vorzeitigen Amtsverlusts des Intendanten bei *Jank*, a.a.O. (Anm. 138), S. 77 ff.

[263] Vgl. Art. 12 Abs. 5 BR-G; § 14 Abs. 3 DLF-S; Art. 11 Abs. 1 Satz 2 DW-S; § 16 Abs. 6 und 7 HR-G; § 13 Abs. 5 RB-G; § 26 Abs. 1 a und 2 SR-G; § 10 Abs. 2 SFB-S; § 8 Abs. 2 SDR-S; Art. 25 Abs. 1 a und 2 SWF-S; §§ 19 Abs. 2, 20 WDR-G.

[264] Vgl. Art. 12 Abs. 5 Satz 2 BR-G; § 10 Abs. 2 Satz 2 SFB-S; § 8 Abs. 2 Satz 2 SDR-S; § 19 Abs. 2 Satz 2 WDR-G.

Dienste des Intendanten an keine normativen Voraussetzungen gebunden ist[265], kann auch die Rechtmäßigkeit oder Rechtswidrigkeit seines Verhaltens keine entscheidende Rolle spielen. Zweck einer solchen Regelung ist es gerade, den Intendanten auch ohne pflichtwidriges Verhalten aus dem Amt entfernen zu können, wenn eine weitere vertrauensvolle Zusammenarbeit zwischen ihm und den kollegialen Organen nicht mehr gewährleistet erscheint[266].

3.5. Grundrechtsdogmatische Zusammenfassung

Ein Rundfunkmitarbeiter, der in seiner Freizeit — das heißt: korrekt getrennt von seiner beruflichen Funktion und vom institutionellen Zusammenhang mit der Rundfunkanstalt — die Partei seiner Wahl politisch aktiv unterstützt, kann sich hierfür auf die Grundrechte des Artikels 5 Abs. 1 GG berufen. Diese Freiheit zu politischem Engagement ist eine Freiheit „zu" und eine Freiheit „von": Die *Meinungsfreiheit* (neben weiteren speziellen Garantien) berechtigt ihn zur Aktivität *außerhalb*, die *Rundfunkfreiheit* schützt ihn vor einseitigen Sanktionen *innerhalb* der Rundfunkanstalt.

Das einzige hier einschlägige „allgemeine Gesetz" i. S. des Art. 5 Abs. 2 GG ist das zugleich mit der Geschäftsführungsbefugnis positivierte *Direktionsrecht* des Intendanten. Es ist wegen Art. 5 Abs. 2 GG ein Vorbehaltsgesetz. Das heißt: über die allgemeinen Verfassungsdirektiven wie den Vorbehalt des Gesetzes und das Übermaßverbot hinaus schützt das inhaltlich spezifische Grundrecht zusätzlich durch die Garantien des Art. 19 Abs. 1 und 2 GG und durch seine objektiv-rechtlich nicht einschränkbare Maßstäblichkeit, die vom Bundesverfassungsgericht mit der Formel der „Wechselwirkung" beschrieben und zu Recht in ständiger Judikatur festgehalten wird. Es ist zudem kein Zufall, daß diese Rechtsprechung gerade an den für die demokratische Ordnung des Grundgesetzes „schlechthin konstituierenden" Grundrechten des Art. 5 Abs. 1 GG erarbeitet worden ist.

Neben diesem praktisch wichtigsten *Hauptfall* gibt es eine Reihe von *Grenzfällen*. Sie zeichnen sich dadurch aus, daß in ihnen *Freizeit und Dienst* auf verschiedene Weise *vermischt* werden. Das geschieht entweder

— *in der Ausübung der jeweiligen Aktivität:*

    (a) der Mitarbeiter fällt *im Dienst selbst* politisch „aus der Rolle";

    (b) er agitiert *bei Gelegenheit des Dienstes* („am Rande" einer Aufnahme usw.);

---

[265] Vgl. § 14 Abs. 1 DW/DLF-G; § 16 Abs. 5 HR-G; § 18 Abs. 2 NDR-StV; § 26 Abs. 1 b und 3 SR-G; Art. 25 Abs. 1 b und 3 SWF-S; § 19 Abs. 2 ZDF-StV; § 18 Abs. 2 ZDF-S.

[266] Vgl. *Jank*, a.a.O. (Anm. 138), S. 79 und 94.

3.5. Grundrechtsdogmatische Zusammenfassung

(c) er wirbt politisch in der Freizeit, *nennt* dabei aber aus propagandistischen Gründen seinen *Arbeitgeber und* seine *dienstliche Stellung* („Nachrichtensprecher bei der ARD" usw.).

Oder die Vermischung erfolgt

— *in der Darstellung der jeweiligen Aktivität*. Hier vollzieht sich die politische Arbeit des Funkmitarbeiters stets in der Freizeit, doch taucht diese Tätigkeit im Rundfunkprogramm auf:

(a) der Mitarbeiter erscheint *als Gegenstand der Berichterstattung* (Filmbericht aus dem Wahlkampf; Interview mit dem Mitarbeiter als Wahlkämpfer);

(b) er erscheint in einer Wahlkampfsendung seiner Partei, kurz bevor oder kurz nachdem er in dienstlicher Funktion auftritt bzw. auftrat;

(c) er wirbt ohne eine solche zeitliche Konstellation für seine Partei im Rahmen einer Wahlsendung.

Auf all diese besonderen Modalitäten seiner politischen Arbeit hat der Rundfunkmitarbeiter weder aus Art. 5 Abs. 1 Satz 1 und 2 GG noch aus anderen Einzelfreiheitsrechten eine spezielle Berechtigung. Nach der Mindermeinung, die in Art. 2 Abs. 1 GG ein Spezialgrundrecht sieht, ist er für die genannten sechs Fallgruppen grundrechtlich überhaupt nicht abgesichert. Seine so geartete Tätigkeit kann ihm — rechtlich korrekt, das heißt vor allem: kompetenzgemäß, formal fehlerfrei, unter Beachtung des rechtsstaatlichen Vorbehalts des Gesetzes und des Übermaßverbots — untersagt werden; nach der Kompetenzverteilung innerhalb der Rundfunkanstalten jedenfalls vom Intendanten, je nach Delegation auch von dessen Bevollmächtigten.

Nach der herrschenden Judikatur und Lehre zu Art. 2 Abs. 1 GG kann sich der Rundfunkmitarbeiter auch in den dargestellten Grenzfällen auf die Garantie der freien Entfaltung seiner Persönlichkeit stützen. Gegenüber dieser von der h. M. zur Generalklausel entleerten Garantie greift das Direktionsrecht des Intendanten im Ergebnis jedoch durch. Zwar wird die Rechtsposition des Mitarbeiters über die soeben genannten allgemeinen rechtsstaatlichen Kautelen hinaus dann zusätzlich durch Art. 19 Abs. 1 und 2 geschützt; doch gibt ihm die Generalklausel des Art. 2 Abs. 1 GG *gerade auf diese Arten der Betätigung* kein spezifisches Grundrecht, das im Sinn der „Wechselwirkungs"lehre des Bundesverfassungsgerichts das Direktionsrecht des Intendanten zurückzudrängen vermöchte. Dagegen kann in dem hier ausführlich erörterten *Hauptfall* das Direktionsrecht des Intendanten, das zudem nur zur Wahrung, nicht aber zur Einschränkung der Rundfunkfreiheit verliehen ist, die Rechtspositionen des Mitarbeiters aus Art. 5 Abs. 1 Satz 1 und 2 GG wegen der bestimmenden Maßstäblichkeit dieser Grundrechte nicht verkürzen. Zu

86   3. Möglichkeiten der Beschränkung der subjektiven Rechte

demselben Ergebnis kommt die neuere Judikatur des Bundesarbeitsgerichts unter dem arbeitsrechtlichen Aspekt der *„konkreten* Berührung des Arbeitsverhältnisses".

4. Ergebnisse

4.1. Rundfunkmitarbeiter haben *in ihrer Freizeit* das Recht der freien Meinungsäußerung und -verbreitung (Art. 5 Abs. 1 S. 1 GG) wie andere Bürger auch. Art. 5 Abs. 1 S. 1 GG hat keine Drittwirkung. Die Rundfunkanstalt übt beim Abschluß von Dienstverträgen mit ihren Mitarbeitern sowie bei belastenden Maßnahmen im Rahmen des Dienstverhältnisses öffentliche Gewalt gegenüber den Mitarbeitern aus, so daß Art. 5 Abs. 1 S. 1 GG unmittelbar anzuwenden ist. Das Bundesverfassungsgericht kommt in vergleichbaren Fällen auf dem Weg der sogenannten mittelbaren Drittwirkung ebenfalls zu einer Anwendung des Art. 5 Abs. 1 S. 1 GG.

Art. 5 Abs. 1 S. 1 GG schützt die freie Meinungsäußerung und -verbreitung auch bei Gelegenheit der Erfüllung dienstlicher Aufgaben, wenn und soweit die Meinungsäußerung und -verbreitung nicht mit der Aufgabenerfüllung zusammenhängt; entscheidend ist insofern der organisatorische Zusammenhang zwischen Meinungsäußerung und Dienst aus der Sicht des Adressaten der Meinungskundgabe.

4.2. Rundfunkmitarbeiter haben *bei der Erfüllung ihrer dienstlichen Aufgaben* das Grundrecht der Rundfunkfreiheit (Art. 5 Abs. 1 S. 2 GG).

4.2.1. Das Grundrecht der *Rundfunkfreiheit* ist insoweit speziell und verdrängt Art. 5 Abs. 1 S. 1 GG. Es ist wie alle Grundrechte gegen die öffentliche Gewalt und damit auch gegen die öffentlich-rechtliche Rundfunkanstalt gerichtet.

4.2.2. Vom Normbereich her ist die Rundfunkfreiheit der Mitarbeiter jedoch in verschiedener Hinsicht begrenzt. Wichtige Strukturelemente des Art. 5 Abs. 1 S. 2 GG sind die Kommunikationsaufgabe und der Oligopolcharakter des Rundfunks sowie die Eigenschaft der Rundfunkanstalten als hochdifferenzierte Produktionsbetriebe. Hieraus lassen sich die *Pflicht zur Neutralität* (= Objektivität, Überparteilichkeit) und die *Programmgestaltungsbefugnis* des Intendanten ableiten.

4.2.3. Der *Umfang der Neutralitätspflicht* richtet sich nach der Art der Sendung: Im Bereich referierender Publizistik sind die Rundfunkanstalt und die Mitarbeiter zu *„restriktiver" Objektivität* verpflichtet, die vor allem die Pflichten zu Vollständigkeit, Wahrheit und Sachlichkeit der Sendungen umfaßt. Im Bereich engagierender Publizistik ist die Rundfunkanstalt gehalten, *„additive" Objektivität* einzuhalten, d. h. ein insgesamt ausgewogenes Programm herzustellen.

4.2.4. Die *Programmgestaltungsbefugnis des Intendanten* dient der Verwirklichung der Rundfunkfreiheit. Der Intendant hat daher sowohl für die Aktualisierung der Rundfunkfreiheit der Anstalt und der Mitarbeiter zu sorgen, als auch Überschreitungen und Mißbrauch dieser Freiheit zu verhindern. Zu Maßnahmen gegenüber Rundfunkmitarbeitern, die sich innerhalb der sachlichen Grenzen ihrer Freiheitsrechte bewegen, berechtigt die Programmgestaltungsbefugnis nicht.

4.3. Es kommen darüber hinaus noch folgende Rechtspositionen der Rundfunkmitarbeiter in Betracht:

4.3.1. Für die nicht kommunikationsspezifischen Tätigkeiten in der Rundfunkanstalt kann sich der Rundfunkmitarbeiter auf die *Berufsfreiheit* des Art. 12 Abs. 1 GG berufen. Hier setzt ihm das in der Geschäftsführungsbefugnis des Intendanten enthaltene arbeitsrechtliche *Direktionsrecht* Schranken.

4.3.2. Die politischen Aktivitäten außerhalb des Dienstes können je nach den Umständen auch von der *Versammlungsfreiheit* des Art. 8 GG und der *Vereinigungsfreiheit* des Art. 9 Abs. 1 GG geschützt sein; deren Schrankenregelungen (vgl. Art. 8 Abs. 2 und Art. 9 Abs. 2 GG) werfen im vorliegenden Zusammenhang keine besonderen Probleme auf. Die Rundfunkanstalt darf ihren Mitarbeitern nicht die Teilnahme an einer Versammlung untersagen.

4.3.3. Das *Wahlrecht* der Rundfunkmitarbeiter (Art. 38 GG) wäre verletzt, wenn ihnen von der Rundfunkanstalt die Kandidatur zu einer Wahl verboten oder erschwert würde. Für die Anordnung, vor Wahlkämpfen nicht auf dem Bildschirm aufzutreten bzw. nicht vor dem Mikrophon zu sprechen, ergibt das Wahlrecht keine normativen Gesichtspunkte.

4.3.4. Das Verbot, jemanden wegen seiner politischen Anschauungen zu benachteiligen oder zu bevorzugen (Art. 3 Abs. 3 GG), läßt es zwar zu, daß staatlicherseits an die politischen Anschauungen angeknüpft wird, verbietet aber insoweit Differenzierungen nach der Art und dem Inhalt der politischen Anschauungen.

Wenn jedoch nach anderen Normen nicht an die politischen Anschauungen angeknüpft werden darf, stellen Maßnahmen, die das dennoch tun, zugleich einen Verstoß gegen Art. 3 Abs. 3 GG dar.

4.3.5. Für Rundfunkmitarbeiter gilt im übrigen das Arbeitsrecht. Sie sind öffentliche Bedienstete, doch können Gesetze und Tarifverträge ihre Rechtsverhältnisse abweichend von denen der übrigen Arbeitnehmer im öffentlichen Dienst regeln. Im Einzelfall ist es auch möglich, daß Art. 5 Abs. 1 S. 2 GG eine abweichende Regelung erfordert. Der arbeitsrechtliche *Beschäftigungsanspruch* gewährleistet den Rundfunkmitarbeitern, mit den vertraglich vereinbarten bzw. mit den einer be-

4. Ergebnisse

stimmten tariflichen Vergütungsgruppe zugeordneten Arbeiten beschäftigt zu werden.

4.3.6. *Tarifrecht* und *Satzungsrecht* enthalten (bis auf zwei marginale Ausnahmen) keine für die Frage der politischen Tätigkeit der Rundfunkmitarbeiter relevanten Bestimmungen.

4.4. Die *Beschränkung* der Rechte der *Meinungsfreiheit* und der *Rundfunkfreiheit* der Rundfunkmitarbeiter (vgl. oben 4.1. und 4.2.) beurteilt sich nach Art. 5 Abs. 2 GG.

4.4.1. *„Allgemeine Gesetze"* im Sinn des Art. 5 Abs. 2 GG sind solche Gesetze, die kein Sonderrecht gegen die von Art. 5 Abs. 1 GG geschützten Rechte schaffen. Gegenüber einem „allgemeinen Gesetz" verliert Art. 5 Abs. 1 GG die Funktionen, Anknüpfungs- und Sanktionsverbot zu sein, nicht aber verliert Art. 5 Abs. 1 GG seine Funktion der Maßstäblichkeit.

4.4.2. „Allgemeine Gesetze" im Sinn des Art. 5 Abs. 2 GG können nur *Normen des objektiven Rechts* sein; daher ist die sogenannte arbeitsrechtliche Treuepflicht kein „allgemeines Gesetz". Die entgegengesetzte Rechtsprechung des Bundesarbeitsgerichts ist verfassungsrechtlich nicht begründet und kann auch nicht durch die Annahme von Gewohnheitsrecht gerechtfertigt werden.

4.4.3. Die Rundfunkanstalten sind nicht *Tendenzbetriebe* im Sinn des Betriebsverfassungsgesetzes. Daher kommt auch keine auf die Figur des Tendenzträgers gestützte Beschränkung der Rechte der Rundfunkmitarbeiter in Betracht.

4.4.4. Ansatzpunkt für eine zulässige Beschränkung ist allein das in der Geschäftsführungsbefugnis positivierte *Direktionsrecht des Intendanten*. Als „allgemeines Gesetz" darf es zu einer faktischen Beschränkung des Art. 5 Abs. 1 GG nur dann führen, wenn dies aus den innerbetrieblichen Gründen, um derentwillen es verliehen ist, zwingend erforderlich wird. Ein solcher Fall ist bei der politischen Betätigung eines Rundfunkmitarbeiters in seiner Freizeit nicht gegeben. *Eine Kündigung, eine Versetzung oder ein befristetes Fernhalten des Rundfunkmitarbeiters von Mikrophon und Bildschirm wegen seiner Wahlkampfaktivität sind unzulässig. Eine entsprechende Anordnung der Rundfunkanstalt verstößt gegen Art. 5 Abs. 1 S. 1 und S. 2 GG sowie nach dem unter 4.3.4. Gesagten auch gegen Art. 3 Abs. 3 GG.*

Dagegen kann der Intendant dem Rundfunkmitarbeiter untersagen, bei seiner politischen Betätigung auf seine berufliche Stellung unter Nennung der Rundfunkanstalt als Arbeitgeber hinzuweisen. Das gleiche gilt für solche Handlungen des Rundfunkmitarbeiters, durch die er — über die bloße Tatsache seiner Identität mit sich selbst hinaus — seine Funktion bzw. die Sach- oder Personalmittel der Rundfunkanstalt für seine politische Aktivität ausnutzt; das ist denkbar in der Form (a) von Meinungsäußerungen bei Gelegenheit der Erfüllung dienstlicher Aufgaben, (b) des „Aus-der-Rolle-Fallens" im Dienst und (c) der nicht aufgabenbedingten Instrumentalisierung privater Meinungsäußerung im Medium; z. B. dadurch, daß der Rundfunkmitarbeiter im Rahmen der Wahlkampfaktivität als Gegenstand der Berichterstattung durch die Rundfunkanstalt auftritt oder bei einer ins Programm aufgenommenen Werbesendung einer Partei mitwirkt.

4.5. Prinzipiell ist es möglich, auf die *Ausübung* von Rechten zu verzichten.

4.5.1. Soweit der Verzicht *Grundrechte* betrifft, ist es einmal zulässig, von einem Grundrecht tatsächlich keinen Gebrauch zu machen; zum andern ist es zulässig, gegen geschehene Grundrechtsverletzungen keine Rechtsmittel zu ergreifen. Wegen der Funktion der Grundrechte als negative Kompetenzbestimmungen ist es rechtlich aber nicht möglich, sich zu verpflichten, Grundrechtseingriffe hinzunehmen. Dagegen kann der einzelne sich verpflichten, in Zukunft Grundrechte nicht auszuüben, unter der Voraussetzung, daß diese Verpflichtung (a) gewisse zeitliche bzw. gegenständliche Beschränkungen enthält und (b) ausdrücklich und freiwillig geleistet wird.

4.5.2. Auch der *Beschäftigungsanspruch* ist zumindest partiell ohne weiteres verzichtbar.

4.5.3. Danach wäre es rechtlich zulässig, daß sich der Rundfunkmitarbeiter gegenüber der Rundfunkanstalt verpflichtet, in seiner politischen Betätigung in der Freizeit eine gewisse Mäßigung an den Tag zu legen. Es wäre auch zulässig, daß er sich verpflichtet, aus Gründen des guten Stils in Wahlkampfzeiten im Hinblick auf eine private politische Betätigung die grund- und/oder arbeitsrechtlich garantierten Auftritte auf dem Bildschirm oder vor dem Mikrophon zu unterlassen. *Eine solche Verpflichtung wirkt aber ausschließlich zwischen dem einzelnen Mitarbeiter und der Rundfunkanstalt. Zu ihrem Zustandekommen darf keinerlei Druck ausgeübt werden. Selbstverständlich darf der Intendant auch an die Mitarbeiter appellieren, sich freiwillig Zurückhaltung bei privater politischer Tätigkeit und im Wahlkampf aufzuerlegen. Es muß den Angesprochenen jedoch strikt überlassen bleiben, ob sie solchen Appellen folgen wollen oder nicht.*

Sachregister

(Die Hauptfundstellen sind kursiv gedruckt)

Absetzung vom Programm 15, 51
Abwägung 16 Fn. 14, 77
„allgemeines Gesetz" 16, 27, 38, 56, 59, *71 ff.*, 83, 84
Allgemeinverbindlichkeitserklärung 63
Anschauungen, politische 58 f., 77
  s. a. Meinungsfreiheit
Anweisung s. Weisung
Arbeitspause 19, 38, 81
Arbeitsverhältnis, privatrechtliches 32, 33, *60 ff.*, 76
Aufgabenvollzug
  der Rundfunkanstalt 31, 39, 42, 77, 79
  des Rundfunkmitarbeiters 18, 37 f., 40, *48 f.*, *54 f.*, 77, *84 f.*
Ausgewogenheitspflicht 15, 41, 43, *44 ff.*, 51
Autonomie 28, 31

Beamtenrecht 57, 59 f., 62, 63 f.
Befangenheit 77 f.
Berichterstattung 22 f.
  s. a. Nachrichtensendung
Berufsethos 20, 66, 82
  s. a. Stilfrage
Berufsfreiheit 54 ff.
Beschäftigungsanspruch 17, 64 ff., 82
„Besonderes Gewaltverhältnis" 70
Betätigung, politische
  beim Aufgabenvollzug 18, 19, 48, 52, *84 f.*
  außerhalb der Rundfunkanstalt 18, 69, 84
  Differenzierungskriterien 17 f.
  in der Freizeit 19, 26, *51 f.*, 58, 65, 69, 77, 79, 81 f., *84 f.*
  bei Gelegenheit des Dienstes 18, 19, *37 f.*, 80 f., *84 f.*
  gesetzliche Regelung 64
  innerhalb der Rundfunkanstalt 18, *48 f.*, 63, 85
  des Intendanten 83
  Mäßigung 36, 64, 67
Betriebsverfassungsrecht 66, 74 f.
Bildschirm- und Mikrophonverbot 13 f., 16, 17, 57, 67 f., *81 f.*

Demokratie 23 f., 46, 78, 84
Denk- und Geistesfreiheit 23 f., 42
Dienstherrenfähigkeit 59
Dienstvorgesetzter 13, 15, 41
  s. a. Intendant
Diskriminierung s. Gleichheitssatz
dogmatische Figur 72, 73, 74 f.

„Einheit der Verfassung" 36
Entlassung s. Kündigung
Ermessen 25

Fernsehrat 49 f.
Filmfreiheit 23
„fiskalisches Hilfsgeschäft" 32
freier Mitarbeiter 14, 17, 65

gentlemen's agreement 20, 36, 67
Gewohnheitsrecht 73
Gleichheitssatz 17, 32, *58 f.*, 61
Grundrechte
  Beschränkung 55 f., *69 f.*, 73, 83
  Bindung 25, 27, *28 ff.*, 67
  Drittwirkung *26 ff.*, 30, 33 f., 71, 72
  Eingriff 35, 36, 77 ff., 81 f.
  als Elemente objektiver Ordnung 18, 27, 33, 35 f.
  „Fiskalgeltung" 31 f.
  der inländischen juristischen Personen 18 f., 31
  Kollision 18 f., 41, 54
  als negative Kompetenzbestimmungen 35 f.
  als subjektive Rechte 18, 35
  Verzicht *34 ff.*, 67, 76

Handlungsfreiheit, allgemeine 49, 55, 80, 85

Indifferenz 53
Informationsfreiheit 23 f.
Intendant
  Direktionsrecht 34, 55 f., *75 ff.*, 80, 81 f., 84 f.
  Geschäftsführungsbefugnis 43, 49, 55 f., 76, 80, 84
  Programmgestaltungsbefugnis 43 f., *49 ff.*, 55 f.
  Rechtsstellung als „Person" 82 ff.
  Weisungsrecht 15, 41, 51

juristische Person des öffentlichen Rechts 28 f., 31, 38 f.
s. a. Rundfunkanstalt

Kandidat (für Landtag oder Bundestag) 13, 16, 17, *56 ff.*
Kommentarsendung 15, 43, 46, *48*, 51, 77
Kompetenznormen 35
Kündigung
  wegen Abgeordnetenmandats 57
  des Intendanten 83
  wegen politischer Meinungsäußerung 26 f. Fn. 42, 58, 71, 77, 81
  im Tendenzbetrieb 74

Lehrer 25, 37
leitende Angestellte 50 f., 85

Meinungsfreiheit
  Beschränkung 71 ff., 76 f., 81 f.
  und Gleichheitssatz 58 f.
  und Hinweis auf Arbeitgeber 79, 85
  im Innenbereich der Anstalt 37 f., 81, 84 f.
  und politisches Engagement der Rundfunkmitarbeiter 15, 16, 22 ff., 77 ff., 84 f.
  und Rundfunkfreiheit 22 ff., 37, 40, 41
  und Versammlungsfreiheit 26, 56
Menschenrecht und Bürgerrecht 34
Methodik, juristische 18

Nachrichtensendung 43, *48*, 51, 77
Neutralitätspflicht
  der Rundfunkanstalt 15, 16, 17, *44 ff.*, 51 f., 75, 79
  im Staatskirchenrecht 52 f.
Nichtidentifikation 42 Fn. 109, 53
Normbereich
  Begriff 17
  als Grenze der Grundrechtsgeltung 69
  und Grundrechtsbindung der Rundfunkanstalt 30, 36
  und Grundrechtskonkurrenz 54
  der Meinungsfreiheit 26
  von Neutralitätsnormen 53
  der Rundfunkfreiheit 38, 40, *41 ff.*, 45

Objektivitätspflicht 15, 42 f., *44 ff.*, 53, 75
öffentlicher Dienst 32, *59 ff.*, 75, 76
Organisationsgewalt 35, 43

Parteipropaganda 17, 19, 29, *48 f.*, 52
Persönlichkeitsschutz 33 f., 43 Fn. 110
personale Identität 78 f.
Personalgewalt 35, 43
Personalvertretungsrecht 60, 61 f., 75
Pressefreiheit 15, 23, 39 Fn. 94, 42, 74
Privatrecht 33
s. a. Arbeitsverhältnis, privatrechtliches
Privatsphäre 74
Programmrichtlinien 44, 46 f., 50, 83
Publikum 47

rechtspolitische Argumentation 20, 40, 81
Rechtsweg 29
Richterrecht 73
Rundfunk
  Begriff 23
  Funktion 42
Rundfunkanstalt
  Bindung an Grundrechte 28 ff.
  als Grundrechtsträger 28, 29 f., 39
  Monopolstellung 34, 44 f.
  Organisation 38 f., 43, 75
  s. a. Intendant
Rundfunkfreiheit
  und Berufsfreiheit 54 f.
  und Beschäftigungsanspruch 65 f., 67 f.
  des Intendanten 83
  und Meinungsfreiheit 23 ff., 37 f.
  und mittelbare Drittwirkung 33 f.
  und Programmgestaltung 41, 44, 45, 51 f., 82
  der Rundfunkmitarbeiter 15, 24 f., *39 ff.*, 43, 44, *48 f.*, 52, 82, 84 f.
  Strukturelemente 41 ff.
  Umfang 22 f., 41
Rundfunkrat 49 f.

Sachregister

Sachbereich 17
Sachlichkeitspflicht 15, 41, 43, *44 ff.*
Satzungsrecht 63 f.
Schadensersatzpflicht 29
Sendezeitenvergabe 28, 29 f.
Spezialität 24, 55
Staat und Gesellschaft 28 f.
„Staatsnotwehr" 69 Fn. 210
Stilfrage 20, 36, 66, 82
Subjektivität 47

Tarifrecht *62 f.*, 64, 66, 76
Tendenzschutz 16, 74 f.
Treuepflicht 16, 17, *72 ff.*, 74

Übermaßverbot 84 f.
Überparteilichkeit 44 ff., 75
Universität 28, 40
Urlaub 17, 57

Veranstaltungsverbot 14, 70

Vereinigungsfreiheit 56, 70
Versammlungsfreiheit 56, 57 f., 70
Versetzung 82
Verwaltungsrat 49 f.
Vollständigkeitspflicht 15, 43, *44 ff.*

Wählerinitiative 13, 19, 20, 26, 52, 58
Wahlkampfaktivität 13 f., 16, 17, 19 f., 26, 36, *51 f.*, 58, 84 f.
  s. a. Betätigung, politische
Wahlkampfsendung 19, 49, 85
  s. a. Sendezeitenvergabe
Wahlrecht 56 ff.
Wahrheitspflicht 15, 43, *44 ff.*
„Wechselwirkung" 71 f., 84 f.
Weisung
  Begriff 13 Fn. 2
  an den Intendanten 50, 83
  des Intendanten 14, 37, 50 f.
Wissenschaftsfreiheit 25, 40
Wissenschaftstheorie 47

Printed by Libri Plureos GmbH
in Hamburg, Germany